mit besten Wünschen

2013

Selin Prakash-Özer · Aus dem Logbuch der Vagabundin

Selin Prakash-Özer

Aus dem Logbuch der Vagabundin

1001 Erzählungen

public book media verlag

FRANKFURT A/M ✳ WEIMAR ✳ LONDON ✳ NEW YORK

Die neue Literatur, die – in Erinnerung an die Zusammenarbeit Heinrich Heines und Annette von Droste-Hülshoffs mit der Herausgeberin Elise von Hohenhausen – ein Wagnis ist, steht im Mittelpunkt der Verlagsarbeit. Das Lektorat nimmt daher Manuskripte an, um deren Einsendung das gebildete Publikum gebeten wird.

Bibliografische Information
der Deutschen Nationalbibliothek

Die Deutsche Nationalbibliothek verzeichnet diese Publikation in der Deutschen Nationalbibliografie; detaillierte bibliografische Daten sind im Internet abrufbar über http://dnb.d-nb.de.

Die Autoren des Verlags unterstützen den Bund Deutscher Schriftsteller e.V., der gemeinnützig neue Autoren bei der Verlagssuche berät. Wenn Sie sich als Leser an dieser Förderung beteiligen möchten, überweisen Sie bitte einen – auch gern geringen – Beitrag an die Volksbank Dreieich, Kto. 7305192, BLZ 505 922 00, mit dem Stichwort „Literatur fördern". Die Autoren und der Verlag danken Ihnen dafür!

Websites der Verlagshäuser der
Frankfurter Verlagsgruppe:

www.frankfurter-verlagsgruppe.de
www.frankfurter-literaturverlag.de
www.frankfurter-taschenbuchverlag.de
www.publicbookmedia.de
www.august-goethe-literaturverlag.de
www.fouque-literaturverlag.de
www.weimarer-schiller-presse.de
www.deutsche-hochschulschriften.de
www.deutsche-bibliothek-der-wissenschaften.de
www.haensel-hohenhausen.de
www.prinz-von-hohenzollern-emden.de

Gedruckt auf säurefreiem, alterungsbeständigem Papier, hergestellt aus chlorfrei gebleichtem Zellstoff (TcF-Norm).

Printed in Germany

ISBN 978-3-86369-166-0

©2013 FRANKFURTER TASCHENBUCHVERLAG FRANKFURT AM MAIN

Ein Unternehmen der Holding

FRANKFURTER VERLAGSGRUPPE

AKTIENGESELLSCHAFT

In der Straße des Goethehauses/Großer Hirschgraben 15

D-60311 Frankfurt a/M

Tel. 069-40-894-0 • Fax 069-40-894-194

E-Mail lektorat@frankfurter-literaturverlag.de

Medien- und Buchverlage

DR. VON HÄNSEL-HOHENHAUSEN

seit 1987

*"Wie eine Welle im Morgenmeer
will es, rauschend und muschelschwer,
an deiner Seele landen".*

Rainer Maria Rilke

INHALTSVERZEICHNIS

DIE KOMPLIZEN DES ALPHABETS

Als die Wahrheit verletzt wurde - oder war es die Liebe - trat ich ein.

Die Glastür war halb offen, vermutlich aus Versehen. Der Wind, der seinem eigenwilligen Rhythmus folgte, bewegte die Tür vor und zurück und wieder vor ... Das Rauschen des Meeres kam näher. Ich lauschte dem Wind, dem, der keine Gestalt hat. Nur seine Wirkung ist sichtbar. Sie nimmt Gestalt an, wie die Wahrheit oder die Liebe.
Der Wind lauschte mir - er selbst kann es bezeugen - von Anfang an.
Ein Fenster schlug zu, ein Teil des hauchdünnen Vorhangs blieb draußen. Es war schwül, und die Erde dürstete nach Regen. Eine Katze, zu kraftlos, sich gegen die Fliegen zu wehren, lag unter einem Feigenbaum, neben ihr Essensreste auf Zeitungspapier, das bald vom Wind erfasst wurde und auf die Straße flatterte. Der Wind wirbelte den Staub auf, das Zeitungspapier schlug Purzelbäume, bis es schließlich auf einem Baumstamm landete und vorerst liegen blieb.

Irgendwo fiel eine Tür zu.

Die Luft war schwer und der Wind in der Schwüle ein Hauch der Gnade. Ein düsterer Graustich verfärbte das Tageslicht und breitete sich weiter aus. Die Wellen verdunkelten sich. Salz- und Algengeruch streiften den Sand.

Die Blätter der Akazienbäume raschelten schon - hrsch-rsch-rsch-hrsch ...

Ein Tropfen, zwei Tropfen … dann fielen unzählige vom Himmel hinunter auf die Dächer, die Bäume, auf die Straße und die trockene rötliche Erde. Der Regen bohrte fast gewalttätig unzählige kleine Löcher in die aufgewühlte Haut des Meeres.

Kluge Leute, diese Fischer, weit und breit war kein einziges Fischerboot mehr in Sicht. Der Regen trommelte mit seinen tausend winzigen Händen auf die Dächer …

Fort mit dem Staub und der klebrigen Schwüle, die alles in ihrer Trägheit umfassten. Jetzt dirigierte der Regen - allegro, forte, fortissimo. Fort mit der drückenden Luft, mit den lästigen Fliegen, fort damit.

Der Durst der Erde wurde großzügig gestillt. Ungestüm war der Regen. Er führte sich auf mit der Kraft einer Verrückten, die ihre Zwangsjacke zerreißt, mit der Wucht einer Gefangenen, die ihre Ketten abwirft und ihre Fesseln zersprengt.

So befreite der Regen sich selbst und befreite die verdurstende Erde. Er befreite das Zeitungspapier von den Buchstaben und die Buchstaben vom Zeitungspapier. Sie lösten sich auf, schmolzen im Regenwasser dahin, sickerten in die Erde, in den Sand am Strand und bis in das Meer hinein.

Morgen, wenn die Sonne wieder scheint, werden sie verdunsten und den Himmel, die Luft beschriften. Die befreiten Buchstaben werden sich zu einem neuen Alphabet verdichten.

Ich trat ein, als die Wahrheit verletzt wurde - oder war es die Liebe?

Ich trat ein, als jemand die Sprache verlor und das Alphabet sich auflöste … das Alphabet sich auflöste und neuen Klängen lauschte.

Die Erde, meine Erde, war durstig, der Regen in meiner unsichtbaren inneren Landschaft fast gewalttätig. Ihre Luft war schwer und der Wind ein Hauch der Gnade.
Die Glastür öffnete sich in meinem verborgenen Inneren, vielleicht aus Versehen. Und ich trat ein in mein verborgenes Leben.
Kennst du mich?

Das Schweigen wohnt in unzähligen Wörtern - wie das Sprechen, anders geschrieben vielleicht, ein anderer Klang, ein anderer Rhythmus ...

Erkennst du mich?

Lauschen ... dem Echo der Stille lauschen ...

Spürst du mich?

DIE JAHRESZEIT DER KINDHEIT

Der Herbst war diesmal erstaunlich schnell auf die Insel gekommen, und nachdem er die meisten Urlauber vertrieben hatte, verwandelte er sich in einen warmen, ausgedehnten Spätsommer. Das Meer war bereits kühl, aber die Sonne, prächtig und stolz, schien jenen zu spotten, die mit dem ersten heftigen Regenfall zurück zur Stadt geeilt waren. Sie hatten ihre Kinder, ihren Lärm und ihr hastiges Treiben aus den engen Gassen der Insel mitgenommen. Übrig blieben nur noch ein paar Hundert Inselbewohner, darunter auch Katzen und Hunde, die während der Sommermonate mit allen möglichen Speiseresten gefüttert wurden, und eine wohlige Stille, in der die Möwen das Sagen hatten, vor allem wenn sie den sanft dahinfahrenden Fischerbooten in Scharen nachflogen.

Die Nächte aber waren kühl und langweilig. Das Freiluftkino, das in den Sommermonaten unzähligen Besuchern das allabendliche Vergnügen bot, hatte - wie auch der Eisladen um die Ecke - bereits geschlossen. An der alten Eingangstür des Kinos war ein gelblicher Zettel angebracht: "ENDE DER SAISON" … Sehr zum Nachteil der Kinder, die auch während des Winters hier auf der Insel lebten.

"Ende der Saison", und in den Nachbarhäusern war kein Licht mehr, die Straßen wurden dunkler. "Ende der Saison", aus den Nachbarhäusern klang keine Musik mehr, keine Gespräche, keine Gelächter, es war nichts mehr zu hören von den Gabeln, Tellern, Gläsern, von dem einladenden Ruf "Essen Sie doch mit uns!", von dem Geflüster der Erwachsenen beim Austausch von Heimlichkeiten, vom Schimpfen des dicken Aris mit seinem tollpatschigen Sohn, vom beschwipsten Gesang Emines, von der schrillen Stimme der korpulenten Marlen, die kleine Sensationen um einiges vervielfacht verlautbarte. Es war auch nichts mehr zu hören von den Liebespärchen, die sich am Kiesstrand besonders in den Nächten, in denen der Mond mit den Inselbewohnern Versteck spielte, trafen, aber von der unheilverkündenden Feststellung der Anrainer "Hier wohnen Familien! Schamgefühl sollte man haben", immer schnellstens vertrieben wurden. Meistens waren es gemischte Pärchen, Türken mit Armenierinnen, Griechen mit Türkinnen, Armenier mit Griechinnen, die sich heimlich trafen und beim Vorbeisausen Wortfetzen aus ihrer Muttersprache hinterließen: "Verflucht!", "Hoffentlich haben sie mich nicht erkannt!", "Ich habe meinen Ohrring verloren", "Familienvater, ja? Hurensohn!", "Oh Gott!", "Hoffentlich erfährt meine Mutter nichts davon", "Was auch immer geschieht ...", ...

Die Stimmen hatten mit dem ersten heftigen Regenfall die Insel verlassen.

Die Stille der Nacht war jetzt aus Entbehrungen gewoben.

Der einladende Geruch der im Freien gegrillten Fische gehörte dem vergangenen Juli an. Die unangekündigt auftauchenden Gäste blieben nun aus. Das nächtliche Schwimmen im schwülen August, das Tavlaspiel mit noch nassen Fingern - ein Erwachsener gegen fünf Kinder -, die kühle Zitronenlimonade in der großen Karaffe für Sieger wie Verlierer, waren saftig frische Erinnerungen und Entbehrungen zugleich.
Selbst der Gusto auf Eis konnte nicht befriedigt werden. "Jetzt ist die Zeit, auf Maroni zu warten", sagte die Oma, als hätte man sie danach gefragt. "Na, in ein paar Wochen ist Schulbeginn. Dann musst du aber zeitig zu Bett gehen, damit du zeitig aufstehen und das erste Schiff nehmen kannst", war die nächste Gemeinheit, die ihr einfiel. Die kleine Tigerkatze, die auf ihrem Schoß schlief,

schubste sie mit dem Handrücken. Das kleine Mädchen schaute die Großmutter mit bohrenden Blicken an, als sie versuchte, auf den von Rheuma gezeichneten Beinen zunächst einmal richtig zu stehen, bevor sie grinsend aufs Klo eilte. Als sie zurückkam, die anhängliche Tigerkatze ihr hinterher, klopfte sie die nächste Gemeinheit auf den Tisch: "Alle Kinder, die so frech schauen, übergebe ich der Verrückten. Letzten Sonntag hat sie den Wasserverkäufer zusammengeschlagen, weil er sie frech angeschaut hat. Mit dir wird sie auch noch fertig". Die pompöse Marlen hatte schon oft mit ihrer schrillen Stimme von der Verrückten erzählt, dass sie einer anständigen Mutter, die ihre unartige Tochter "halt nur" zurechtweisen wollte, fast den Arm gebrochen hätte, dass sie um Mitternacht singend und pfeifend durch die Straßen ginge, dass man sie hoch oben auf dem Möwenhügel, umgeben von Möwenscharen gesehen, dass sie früher mit dem Russen Niko ein Verhältnis gehabt hätte und er seither verschwunden wäre, dass sie womöglich, ja wahrscheinlich, ganz sicher sogar - "Gott sei mein Zeuge", hatte Marlen hinaufschauend um Unterstützung gebeten - magische Kräfte besäße, und dass sie "unter uns gesagt …", …, …

In jener Nacht träumte das Mädchen von der Verrückten. In der Früh konnte es sich nur noch daran erinnern, dass sie ein feuerrotes Kleid trug und zuerst langsam, dann schnell und schneller tanzte, so schnell, dass sie anfing zu fliegen. Während sie flog, sagte sie etwas, ein Wort, oder einen kurzen, ganz, ganz kurzen Satz. Ach, das fiel dem kleinen Mädchen jetzt nicht ein. War es ein Wort mit A, mit B, mit C … Mit halboffenen Augen lag es im Bett, sah das glatte, ruhige Meer, schloss beruhigt die Augen, umfasste mit der rechten Hand sanft die linke Schulter, stellte sich in dem feuerroten Gewand vor, so tanzend, so fliegend, schwebend. Aber der befürchtete Schulbeginn stand ihr bevor, Klasse 3 B … Die Schule, der Fluch des gnadenlosen Schicksals … Hoffentlich kriegt sie eine andere Gymnastiklehrerin, sonst geht sie nicht hin, sie geht nicht zur Schule, oder einfach nicht zum Gymnastikunterricht. Sie zeigte mit geschlossenen Augen ihrer Lehrerin, diesem Giftzwerg, die Zunge und genoss diesen Augenblick. Sie streckte die Zunge noch einmal vor und ein drittes Mal, bis sie eine Mischung aus Wut und Übelkeit empfand. Diese Frau mit kurzen pechschwarzen Haaren, der eklig fettigen Haut, den hochgeschwungenen Augenbrauen und dem fetten Hinterteil, auf das sie noch stolz zu sein schien, hatte oft mit der Kleinen geschimpft. Sie hatte das Mädchen als zurückgeblieben bezeichnet, weil es sich nach rechts gedreht hatte, während sich die klugen Kinder nach links drehten und es sich nach links gedreht hatte, als sich die Klugen nach rechts drehten. Dann war sie wie ein Soldat mit Metallaugen und vorgestrecktem Brustkorb auf die Kleine losgegangen, hatte fest an ihrem blonden Zopf gezogen und ihr so ganz nebenbei geraten, sich lieber das Hirn als die Haare wachsen zu lassen. Diese Erinnerungen trübten ihre Laune, sie verspürte eine leise Angst und verlor den Appetit auf das Frühstück, das ihre Tante gelegentlich auf dem kleinen Tisch in der Küche herrichtete. Der Angst trotzend sprang sie auf, zog schnell ihre rote Latzhose an, eilte in das Badezimmer, wusch sich jede Spur des Unwohlseins aus dem Gesicht, putzte oberflächlich die Zähne, verzichtete wieder einmal darauf, die langen Haare zu kämmen.

Es duftete nach Tee und frischem Brot, aber war niemand zu Hause? Wahrscheinlich war die Oma im Garten bei den Katzenjungen und die Tante, die Frühaufsteherin, bei der Schiffsanlegestelle, um Zeitungen zu holen und auf dem Rückweg, nach einem entschlossenen Feilschen, die noch lebendigen Fische zu kaufen. Die Kleine mochte nicht in der Küche frühstücken, da war es vormittags viel zu schattig und außerdem konnte man von dem Fenster aus nichts als die nackte Straße sehen. Sie nahm einen kleinen Teller, legte ein Butterbrot, das sie zuvor mit Rosenmarmelade bestrich, darauf. Die Teekanne war noch sehr heiß, mit einem feuchten Waschlappen hielt sie vorsichtig die Kanne und goss in ein kleines filigranes Glas ihren Tee ein. Schon war sie auf der überdachten Terrasse, konnte die sanften Wellen des Meeres, die vorbeifahrenden Fischerboote, die im Sonnenschein herumtollenden Katzen im Visier halten und das Marmeladebrot allmählich aufessen. Den Tee trank sie in kleinen Schlucken, nachdem sie es sich auf dem Sessel im Schneidersitz bequem gemacht hatte. Diese Stille war merkwürdig ... "Sie lädt den Sturm ein", hatte ihr Onkel zu sagen gepflegt. Der angrenzende Kiesstrand, in den Sommermonaten ein übervolles Strandstückchen, wo Erinnerungen an den vergangenen Sommer in Form von ausgelutschten Melonenscheiben, alten Joghurtbechern und Zigarettenschachteln herumlagen, war jetzt menschenleer. Der sonnenbeschienene Kiesstrand ruhte in einer stillen, fast zerbrechlichen Schönheit. Das Mädchen hielt das Teeglas gegen das Licht, um von seiner rötlich braunen Farbe mehr zu sehen, die Geheimnisse des durchsichtigen Rotbrauns zu erkunden, die Spur der Sonne im Teeglas zu verfolgen. Ein Schatten, eine schattenhafte Gestalt ging vorbei. Etwas Sonderbares bebte kurz in seiner Magengrube. Das Teeglas fest in der Hand sprang das Mädchen auf, eine Frau, eine ältere Frau, die Verrückte war am Kiesstrand. Das Mädchen eilte hinaus, barfuss, lief wieder hinein, "das gehört sich nicht", flüsterte eine Stimme in ihm, suchte seine Pantinen, fand sie unter dem Tisch, aufgeregt und schnell, als wollte sie etwas Verpöntes tun, lief es wieder hinaus. Die fünf Steinstufen hinunter zur weißen Gartentür schienen bei dieser Sonneneinstrahlung um einiges heller. Unwillkürlich verengten sich seine Augen. Sein Herz schlug so laut, dass es das Gehämmer seiner schweren granatroten Pantinen fast übertraf, die sich anscheinend selbständig gemacht und jedes Schamgefühl im Galopp zurückgelassen hatten. Sie war da, sie saß noch da mit geradem Rücken, langen

Haaren. Je näher es zur ihr rückte, umso langsamer wurden seine Schritte. Schon stand es da auf dem Kiesstrand hinter der Frau. Es atmete auf, und das klang wie ein lauter Seufzer. Die Frau drehte sich um: "Ach, so eine Kleine, ich dachte schon, die Pferde des tölpelhaften Hasan sind tollwütig geworden", und deutete, ohne hinzuschauen, mit ihrer schmalen Hand auf die hügelige Seite der Insel. Das Mädchen wusste nicht, was es jetzt tun sollte … Dastehen wie eine Stange? Zurücklaufen? Letztendlich setzte es sich auf den Kies neben die Frau, senkte den Blick, atmete wieder auf, schaute auf das Meer, immer weiter hinaus, bis zum Horizont. "Das Meer kann sprechen", sagte die Frau. "Das weiß ich doch", entgegnete das Mädchen stolz und laut, so laut, dass es ihm peinlich war. Verlegen nahm es eine Locke in den Mund, schaute verstohlen nach links, wo die Frau mit angewinkelten Knien saß und mit ihren feingliedrigen Händen über die Kieselsteine strich. "Na, wonach schmeckt denn dein Haar?" "Nach Salz", flüsterte es. "Hmm, so, du kommst also aus dem Meer", sagte die Frau, "darum kennst du die Sprache des Meeres. Welche Sprachen kannst du noch?" Eine kleine Wolke zog in Sekundenschnelle vorüber, das Mädchen blickte auf seine Zehen, zeichnete mit den Augen die Form seiner Füße nach, so grell waren die Pantinen, hörte ein Geräusch, drehte sich kurz zurück, war aus dem Schnabel einer Möwe eine Muschel hinuntergefallen?

"Hmm", brummte die Frau, suchte in den Augen der Kleinen, "du kleines Salzwasser, du kannst ja alle Sprachen. Auf Französisch, auf Chinesisch, in allen Sprachen kannst du gut schweigen". Das kleine Salzwasser leuchtete, lachte auf, hielt die Finger der rechten Hand vor den Mund, biss gedankenverloren in den Ringfinger, schaute dann in die dunklen Augen der älteren Frau, die in seinem Gesicht nach etwas suchten. "Bist du gut in Mathematik?", fragte die Frau. Das Mädchen rümpfte die Nase, verzog den Mund erst

15

nach rechts, dann nach links. "Na, sag mal, wie viele Sommersprossen hast du?", "Sieben oder acht" antwortete das Kind mit einem verdutzten Lächeln. "Jedes Jahr kriegst du eine neue hinzu. Wie viele wirst du demnach haben, wenn du in meinem Alter bist?" "Oooh!", grübelte das Mädchen, runzelte die Stirn, versuchte die richtige Antwort zu finden. "Fünfzig? " fragte es ziemlich laut, aus Anstrengung wurde seine Stimme lauter, "Sechzig?" "Vergiss die Mathematik!", befahl die Frau erheitert, "die ist was für Holzköpfe, nichts für Nixen wie dich", und gab der Kleinen einen runden, weiß schimmernden Stein. Die Kleine freute sich, zum ersten Mal bekam sie ein Geschenk dafür, dass sie die falsche Antwort gab. Schnell, als könnte ihr jemand den Stein wegnehmen, steckte sie ihn in die Tasche ihrer Latzhose und streichelte ihn heimlich mit ihren zarten Fingern. Der Hauch der Sonne berührte ihre Wangen. Die Frau musterte eine Weile das Mädchen, dann richtete sie ihren Blick in die unendliche Ferne und nuschelte wie im Schlaf: "Wenn du ihn gut versteckst, findest du ihn selber nicht. Wenn du ihn schlecht versteckst, nehmen sie ihn dir weg..." Anschließend stieß sie mit der vollen Kraft ihres Atems und einer tiefen Falte zwischen den Augenbrauen ein Schimpfwort heraus, woraufhin das Mädchen errötete, aber so tat, als hätte es dieses letzte Wort, das in Mehrzahl formuliert war, gütigerweise gar nicht gehört. Unwillkürlich fiel ihm aber die Kinnlade herunter, fürwahr, wie kann man nur so laut solche Dinge sagen? In ihm kamen Zweifel auf, die es so gern vertrieben hätte ... Was ist, wenn sie nicht ganz dicht ist? Stimmt das, was Marlen und andere über sie erzählen? "He!", unterbrach die Frau mit funkelnden Augen die Kleine in ihrer Grübelei, "was schweigst du so wie eine ägyptische Mumie? Sprichst du jetzt Arabisch?", und lachte wie eine bis an die Zähne bewaffnete Banditin. Mit großen, klaren Augen schaute sie die Frau an, so tiefe Augen mit so vielen kleinen Lichtern drin sah sie zum ersten Mal. Ihre Stirn war gerade und darauf waren feine Linien wie im Musikheft. Ihre Nase war ziemlich lang - ein Segelmast, dachte sie bei sich und musste ihr Lachen unterdrücken. "Siehst du dieses Segelboot?", fragte die Frau, und das Mädchen fühlte sich ertappt. Aber sie deutete auf ein blau-weißes Segelboot in der Ferne, "wohin fahren wohl diese Leute", fragte sie beinahe wehmütig. "Auf die nächste Insel, oder die übernächste, oder die überübernächste ...", sagte das Mädchen genüsslich, als ob es selber drin säße, "wohin sie so wollen...". "Und wohin würdest du gerne fahren?", fragte die Frau, ohne ihren Blick vom blau-weißen Segelboot abzuwenden. Das Mädchen nahm seinen Kopf zwischen die Hände, schaute nach rechts, zeichnete mit den Augen einen Bogen nach links, biss voller Appetit in die Unterlippe, "Ja!", schlug es kraftvoll auf den Kies, "Ja, auf die andere Seite der Welt!". Die Frau richtete blitzschnell ihren Blick auf die Kleine und brach in schallendes Gelächter aus, "die andere Seite der Welt", wiederholte sie und lachte, bis sie Tränen in den Augen hatte, "die andere Seite ..." Die Verlegenheit des Mädchens verflog schnell, bestaunend, bewundernd sogar schaute es die Frau an, die auf ihre Knie schlug und unablässig wiederholte: "Die andere, andere Seite der Welt, ich fahre mit, ich fahre doch mit!" Ihr kristallklares Lachen war ansteckend. Das kleine Mädchen kicherte, zog die Schultern hoch, als wäre es gekitzelt und ließ dem Lachen freien Lauf.

"Yela! Yelaa! Yelaaa!", rief eine genervte Stimme, "sofort nach Hause!", das Mädchen blieb da wie eine Statue, auf deren Mund der Bildhauer versehentlich ein Lächeln platziert hatte. "Ich komme schon...", kroch eine heisere Stimme aus seiner Kehle.

"Yela?", sagte die Frau, "Was ist denn das für ein komischer Name?" Der zarte Brustraum der Kleinen weitete sich, als wollte sie nach mehr, weit mehr Luft schnappen, ihre Augen röteten sich, "das ist MEIN Name". Die Kleine ging schnellen Schrittes, mit wehendem Haar drehte sie sich kurz um: "Klar? Das ist MEIN Name!"

Yelas granatrote Pantinen trugen sie energisch nach Hause. Ihre Tante wartete mit zusammengekniffenen Augen, zugespitzten Lippen und einer Zigarette in der Hand vor der Haustür. "Du wirst werden wie sie, trotzige Ziege!", fauchte sie die Kleine an, bevor sie hastig an ihrer Zigarette saugte. Die Großmutter schüttelte missbilligend den Kopf und seufzte tadelnd. Das Mädchen ging eiligen Schrittes, scheinbar unberührt ins Wohnzimmer, klopfte auf den Tisch, probierte einen Rhythmus, probierte einen anderen, aber die Tante ließ nicht locker und kam ebenfalls hastig ins Wohnzimmer, stellte sich breitbeinig vor den Tisch: "Mit solchen Leuten spricht man nicht! Was bist du für eine, spielst mit Straßenkindern, sprichst mit Verrückten, hast nichts anderes im Kopf als das Meer und die Katzen!", sagte sie in einem Atemzug. "Und was hat sie gesagt? Worüber habt ihr gesprochen?"

Die letzten zehn Minuten hatten ihrer Freude bereits den Garaus gemacht. Die Kleine hatte keine Lust, irgend etwas zu sagen. Dann aber entschied sie sich für eine angemessenere Antwort als das Schweigen: "Über Mathematik". Mit zugekniffenen Augen setzte die Tante ihre Tirade fort: "Ich habe mein Lebtag noch keinen größeren Blödsinn gehört als diesen. Ausgerechnet du und die Verrückte habt über Mathematik gesprochen? Deswegen wohl habt ihr so doof gelacht! So lachen nur ungehobelte Bergbewohner und schmutzige Frauen! Ist doch vulgär, primitiv, ordinär!" Gesegnet mit Zerstreutheit hob die Kleine ihre Augen zur Decke. "Wieso denn schmutzig? Sie ist sauber, die Haare sind frisch gewaschen, sie riecht gut und ..." Ungehalten sprach die Tante dazwischen "Ja, und auf ihrem Kopf ist auch ein Heiligenschein!"

In jener Nacht tobte der Wind.

Als er sich legte, fing es heftig zu regnen an. Im dunklen Schlaf-
zimmer lag Yela wacher als je zuvor, erinnerte sich an das spru-
delnde komplizenhafte Lachen, sie dachte über Gott und die Welt
nach. Sie stellte sich Fragen, die in weiteren Fragen mündeten ...
Gnadenlos prasselte der Regen herunter. Yela öffnete das Fenster
des Schlafzimmers, ließ die Katzenjungen hinein, die der Kälte
zum ersten Mal begegneten. Sie waren nass und sahen wie Schiff-
brüchige aus. Sie trocknete sie mit ihrem Nachthemd und nahm sie
in ihr Bett. Die eine versteckte sich unter der Bettdecke, die andere
spielte mit Yelas Haaren, hielt zwischendurch inne, musterte mit
ihren neugierigen Augen das Mädchen, spielte weiter und schlief
dann auf Yelas Hals ein. Yela konnte hören, wie sie zufrieden
schnurrte. Eine namenlose Sehnsucht übersiedelte von ihrer
Brustmitte in ihre Fingerspitzen. Sie streichelte die kleine Pfote
der Katze, hielt sie in ihrer Hand, gab ihr einen Kuss und noch einen.

Der Oktober ging dem Ende zu, als Yela eines windig kühlen
Morgens die ältere Frau ein weiteres Mal sah. Das erste Schiff um
5 Uhr 45, wenn auch selten pünktlich, wartete nicht auf den Sonnenaufgang. Zu dieser Zeit bestand die Insel nur aus dunklen Wellen, Wind, Möwen und dem Bellen frei herumlaufender Hunde.
Die spärlichen Straßenlichter warfen schmale Schatten. Der Mond
schien wieder Versteck mit den Inselbewohnern zu spielen. Wie
zu keiner anderen Zeit durchdrang der Meeresgeruch alles, auch
die zarte Haut des kleinen Mädchens, das noch schläfrig durch die
engen Gassen der Insel, vorbei an Oleandern, an der großen Linde,
an Laternen, vorbei an Feigenbäumen, an einem Laternenpfahl
ohne Laterne, zur Anlegestelle taumelte. Sie versteckte ihre gerö-
tete Nase unter ihrem blauen Schal, ihr Atem wärmte ihre Wangen, sie schloss die Augen, noch zehn Minuten bitte oder nur fünf

wollte sie schlafen. Auf die Holzbank unter dem Nussbaum ließ sie ihre Schultasche und sich fallen, die Nase immer noch unter dem Schal, überließ sie den Kopf der Erdanziehungskraft. Ein Straßenhund schnüffelte an ihr, entdeckte nichts Essbares, ging seiner Wege. Der Wind pendelte zwischen dem Meer und dem Nussbaum. Ein Lied weckte sie sanft aus ihrem kurzen Schlaf. "Der Traum fordert sein Haus zurück, der Traum will zu Ende geträumt werden". Die Verrückte der Insel strich über die Nase der Kleinen. Ein Sammelsurium von winzigen, leuchtenden Geheimnissen bebte in ihren Augen. Yela war vielleicht noch zu schlaftrunken, um sich über diese Begegnung zu wundern. Still saß sie da, als wäre es ein ausgemachtes Treffen und die Frau käme rechtzeitig. Nur mit einem fragenden Runzeln auf der Stirn schaute sie hinauf zur Frau, die in einer langen Wolljacke vor ihr stand. "Das ist schon mein zweiter Spaziergang, meine Runden drehe ich vor dem Sonnenaufgang". Reglos blickte Yela auf das dunkle Meer. "Ich kenne dich schon vom Vorjahr" schickte die Frau voraus, während sie sich zu Yela setzte. Blitzschnell schaute Yela die Frau an, ungläubig und fast ein bisschen böse. "Mit zwei dringenden Bitten kamst du zu mir, in meinen Traum". Der Wind pendelte zwischen dem Nussbaum und dem Meer. Yela pendelte zwischen Misstrauen und Neugierde. Dreißig Schiffsminuten von der Insel entfernt lag das asiatische Festland Istanbuls wie eine funkelnde Kette auf der dunklen Haut des Meeres. Yela fixierte die unzähligen Lichter des Festlandes, während sie ganz Ohr war. "Im Winter, als die Kälte herumstolzierte und der Nordwestwind uns die Leviten las, kamst du barfuss in meinen Traum. Dass ich die Katzen füttere, war deine erste Bitte. Die Kerze in deiner Hand flackerte, dein Gesicht und dein zerzaustes Haar waren nass. So dringend, als ginge es um dein Leben, hast du mich gebeten, dir den zersprungenen Spiegel herzurichten. Dein knöchellanges blaues Nachthemd schien immer länger zu werden, als ob es deine

Füße wärmen wollte". Die Frau, ihre Ellbogen auf die Knie, ihre Wangen auf die Hände gestützt, schaute aufs Meer, als würde sie ihren Traum den Fischen, Möwen, Wellen und vielen anderen Meereswesen erzählen. Yela indessen machte Fortschritte im Schweigen, sie wippte mit dem rechten Bein, schloss die Augen, um sie vor dem Wind zu schützen, senkte ihre Nase noch tiefer in ihren Schal. Die Frau räusperte sich, bevor sie zugab, dass sie zwar die Katzen gefüttert - mit Milch und Brotresten - , aber den Spiegel nicht hergerichtet habe. Unbetroffen, als hätte sie nichts von all dem gehört, und gelangweilt, als hätte sie zuviel von all dem gehört, saß die Kleine reglos, bis auf das wippende Bein zwischen ihrer Schultasche und der Frau. Als sie weitererzählte, gab sich Yela dem vertrauten Kreischen der Möwen hin: "Wenn ein Spiegel zerbricht, dann versuch nicht, ihn wieder zusammenzukleben. Mach dir einen neuen. Sonst schaust du in einen Zerrspiegel, einen Spiegel mit Narben. Er zeigt dir nur, was war, zeigt nicht, was jetzt ist, wie eine kaputte Uhr …" Die Möwen hielten inne, um dann im Chor lauter und immer zudringlicher zu kreischen. Die Klangwelle der Möwen hallte in Yelas Körper nach. Ein entferntes Unbehagen schien mit Windeseile immer näher zu kommen und jede Windung ihres Geistes, jede Pore ihrer Haut zu besetzen. Die Frau legte ihre feingliedrige Hand vorsichtig auf das Knie des schweigenden Mädchens, so als ob sie die Berechtigung ihrer plötzlich auftauchenden Bedenken tastend überprüfen wollte. Aber Yela, unfähig sich länger zu bezähmen, fauchte mit Katzenaugen die Frau an: "Über meinen Namen Spott auszugießen, ist gemein!" Oft genug wurde sie gehänselt wegen ihres unüblichen Namens, der offenbar keine Bedeutung, aber eine immense Anziehungskraft auf Lästermäuler hatte. Das Blut pochte noch in ihren Schläfen, als sie ihre Wut entließ und ausatmete, dann aber erklang ein verspieltes Knurren aus ihrem Bauch. Eine Weile betrachtete die Frau das seltsame Kind, das mehr von einer Katze als von einem Menschenjungen zu haben schien. Zerbrechliches Vertrauen. Entwurzelte Sehnsucht. Zuckender Zorn. "Sobald wir am Himmel die Mondsichel sehen", schickte die Frau voraus, "sage ich dir meinen Namen. Dann kannst du ausprobieren, ob es dir Spaß macht, über den Namen einer alten Schrulle Spott auszugießen, und ob dein Spaß meinen übertrifft, himmelweit übertrifft". Der Kleinen entschlüpfte ein zurückhaltendes Kichern. Wie eine Feder sprang die Frau auf, machte leichtfüßig einige Schritte, um dann ihren Bauch vorzudrücken, ihren Oberkörper zurückzubeugen und eine imaginäre Posaune vor ihren Mund zu halten: "Dann kannst du in die Welt, in das Weltall bis hinauf zum Mond hinausposaunen, 'was für ein Name, was ist denn das für ein komischer Name'? " Die Kleine hielt ihre Hand vor den Mund, presste die Lippen gegeneinander, damit ihnen kein Gekicher mehr entschlüpfen konnte. Aber das juwelenbesetzte Pupillenpaar, versteckt hinter ihren hügeligen Backen, verriet den Ausbruch zurückgehaltener Freude. "Da du die Katze aus dem Sack gelassen hast, scheinst du wieder Saft zu bekommen", brummte die Frau, die Hände auf die Hüften gestützt, die Haare ganz schön wirr. Als sie sich auf die Holzbank setzte, schubste Yela die Schultasche auf die rötliche Erde, um es sich im Schneidersitz bequem zu machen. Schnell wie ein Spiegel ohne Narben nahm die Frau die Haltung des kleinen Mädchens ein. Auf der Holzbank unter dem Nussbaum saßen sie einander gegenüber wie zwei Affen, einer ein bisschen kleiner, einer ein bisschen größer ...

"Bei zunehmendem Mond", flüsterte die Frau geheimnisvoll, "trinken wir in meinem Garten das frische Freundschaftselixier; das Kraut des Lachens, die Wurzel der Wahrheit, die Blüten der Freiheit mischen wir mit vielen anderen kostbaren Zutaten, würzen es mit Fürsorge und rühren so lange um, bis es nach Freundschaft schmeckt. Unsere Kronzeugin wird die Mondsichel sein".

Wärme, als hätte Yela gerade reichlich Tee getrunken, breitete sich in ihrem Körper Welle für Welle aus ... "Und wenn es nach Freundschaft schmeckt, und wenn wir es trinken, dann, machen wir dann einen Spiegel für mich, du und ich?" fragte Yela sprudelnd, während ihr Zeigefinger begeistert von ihrem Brustbein zum Brustbein der alten Frau hüpfte, "Ja? Du und ich?" Die Frau strich sanft über die Nase der Kleinen. Die Kleine strich sanft über die Nase der Frau, einmal den Segelmast hinunter und ein zweites Mal.

Das Schiff ließ diesmal dem Sonnenaufgang den Vortritt.

FARBENGEFLÜSTER

An einem nassen Nachmittag trafen sich die Farben des Regenbogens wieder ... Rot glühte vor Leidenschaft, als es von Liebe und Revolutionen erzählte, Orange begnügte sich mit schlichter, warmherziger Freude, Gelb prahlte mit seiner Sonnenherkunft, Grün, Herrscherin der Wiesen und Wälder, nannte sich manchmal Smaragd- manchmal Jadegrün, aber damit allen das Wasser ja im Mund zusammenlief, zeigte es sich zwischendurch als Oliv- und Apfelgrün. Als Blau endlich an der Reihe war, konnten alle an die grenzenlosen Ozeane denken, an den unendlichen Himmel, an Saphire, an die Augen nordischer Schönheiten ... Aber, aber ... das Blau schwieg ... rieb sich die Augen, schaute kurz seine Nachbarn an, hier das eitle Grün, da das erhabene Violett ... Dann schloss es ruhig die Augen und erzählte leise:

Was hat das Kind so in Mitleidenschaft gezogen ... denkt sich Nora. Er sieht so klein, so zerbrechlich aus ... Was zehrt so an ihm? Ist es der Tod des Vaters? Hätte sie mit ihm vielleicht doch zu einem Psychologen gehen sollen ... "Trauerarbeit" sagt man ... Das Kind sollte an seiner Trauer arbeiten ... Kinderarbeit ist doch verboten, Herr Gott! Warum er, warum dieses unschuldige Wesen, was kann es schon verbrochen haben, um diese Krankheit auf sich zu ziehen ... Will er etwa dem Vater in den Tod folgen? Er isst nichts, hat keinen Appetit ... Was immer du willst ... Er will aber nichts ... keine Speise, kein Getränk, nicht einmal Ananassaft, kein Spielzeug, keine Musik ... Nora streichelt das blasse Gesicht ihres Sohnes ... Nicht, sie darf jetzt nicht weinen, nicht jetzt, nicht hier ... "Mami" ruft er leise, "Mami, das Gemälde ... das große ... mit der Umarmung ... von Maxi ... es strahlt so ... es leuchtet so schön ... Bitte Mami!" Mit der zarten Hand deutet er neben das

Fenster gegenüber dem Bett, "hierher Mami, dann kann ich es immer sehen". Wasserblaue Augen schauen sie flehend an … Alles, alles würde sie für ihn tun, einfach alles, damit er sich besser fühlt, damit er sich freuen kann, damit sie einen Funken Lebensfreude in seinen Augen sehen kann … Aber wie soll sie das Gemälde, ausgerechnet das von Max herzaubern? Doch! Doch! Sie wird es tun … Da, da ist seine Nummer. Sie nimmt den Hörer, sie möchte ihn besuchen, heute noch, am Nachmittag, es ist wichtig, bitte, wenn möglich … Sie wundert sich über ihre Entschlossenheit, ihr Spiegelbild schaut sie voller Ruhe an … Was ihr sonst so peinlich gewesen wäre, lässt sie jetzt ruhig … Die Launen des Lebens … Ihr Spiegelbild nickt, der blonde Pagenkopf stimmt zu, seltsames Leuchten in ihren Augen … Organisation! Koordination! Der Haushälterin die Medikamentenliste geben, die Nummer des Arztes, die des Krankenpflegers … Ein Taxi bestellen! Ja! Bei dem Regen ist es besser, nicht selber zu fahren. Gott! Wie soll ich es sagen! Wie soll ich Max sagen, was ich von ihm will? Nach all dem, was geschehen ist, wie soll ich ihn noch um etwas bitten? Die Lage, in die er geraten ist, hat er wohl auch mir zu verdanken … nicht mir, seiner …, seinen … eigenen Gefühlen. Das war doch keine Liebe, eine Wahnvorstellung, eine Fixierung einfach, Künstlerwahn, was sonst … Ist doch absurd, wie kann man sich in einen Menschen verlieben, mit dem man nicht einmal einen halben Tag verbracht, den man nicht einmal berührt hat … ist doch ein Witz … Nora hält inne, wirft den Kopf zurück, blickt aus dem Fenster, ein Blitz in der Ferne … Wer weiß, seufzt sie in die Stille hinein, wer weiß, die Wege der Liebe sind unergründlich … Sie holt den azurfarbenen Mantel aus dem Schrank und einen Schal, klar, einen warmen Schal, er hat nicht einmal eine Heizung …

"Liebes! Tobi, Liebes! Schläfst du? Ich komme bald … Mami kommt bald, und dann hängen wir es genau dahin, ja?" Sie küsst den Kleinen auf die Stirn, schläft er? Träumt er? Lächelt er? Doch! Vielleicht …

"Grüß Gott, Frau Direktor!" Nora, Hausfrau und Mutter, die Witwe des Bankdirektors, sagt leise "Grüß Gott! Rechts hinauf bitte und dann die vierte Gasse links, ist nicht weit, ich würde Sie dann bitten, auf mich zu warten, geht das in Ordnung?" Aus dem rechteckigen Kopf des Taxifahrers, der ohne Umschweife direkt in den Rücken übergeht, ertönt sonore Zustimmung: " Eh klar!"

Unzählige Gemälde und Skulpturen hatte Max Jahr für Jahr der Wohlfahrtsorganisation gespendet, in der sie bis vor Kurzem gearbeitet hatte. "Ehrenamtlich", wie ihr Mann in der Öffentlichkeit, aber auch zu Hause hervorzuheben pflegte. "Genial …" hatte er gesagt, "genial, wie er sich ruiniert … Was ist ihm denn schon geblieben? Eine Baracke … ohne Heizung sogar... Alle sagen das." Alle? Diejenigen, die ihn zuvor wegen seiner Gaben beneidet hatten, konnten jetzt mit der Mordswut des Neids über ihn herfallen, ihn bissig kritisieren und sabbernd bemitleiden. Welch armselige Genugtuung!
Angesichts seiner misslichen Lage wurden sie nicht einmal des Neids bezichtigt. Jetzt trauten sie sich, jetzt war er nicht mehr der große Künstler, sondern nur ein Habenichts. „Ist doch wahr! Mal ganz ehrlich!" sagten sie. Jetzt, da die Ehrlichkeit sie nichts kostete, fiel ihnen Ehrlichkeit ein, damit konnten sie sich schmücken, sich gut dahinter verstecken ... Aber was ihr Mann noch von sich gab, war auch nicht ohne: „Seine heimliche Muse hat ihm den Verstand geraubt, falls er je einen gehabt haben sollte …" Hatte er gelacht? Hatte sie nicht ein Kichern gehört? Ein abschätziges? Schadenfrohes? Neidisches? Nein, das ist wohl eine Unterstellung, weil sie ein schlechtes Gewissen hat, weil sie spürte, was Max für sie empfand, die ganze Zeit schon, wie er sie anschaute, wie er sie

am Arm berührte, als er sie und Tobi durch die Ausstellung führte. Aber das war doch einfach Sympathie, nichts weiter ... Was ist so schlimm daran? Was kann ich dafür, wenn er sich ... Tobi war so begeistert von dem Gemälde ... "un-ver-käuf-lich" hatte er laut vorgelesen und mit großen, fragenden Augen Max angeschaut. Er hatte genickt: "Die Umarmung in Indigo, ich muss es immer bei mir haben, vor mir, hinter mir, neben mir ..." Ausgerechnet um dieses Bild sollte sie ihn jetzt bitten! Um das Einzige, was ihm noch geblieben war, abgesehen von der "Baracke".

"Da ist aber nix, gnädige Frau, nur das Häuschen dort oben ..." Als der Wagen anhält, dreht sich das Rechteck zurück, zeigt auf die feinen Schuhe Noras: "So ein Wetter! Gehen müssen Sie jetzt durch den Gatsch!"

Max eilt hinaus, blickt ihr tief in die Augen, ohne ein Wort bittet er sie hinein. Sie weiß nicht wohin, sie steht mitten in der Küche. Sie fühlt sich fehl am Platz. Terpentingeruch ... Ölfarben ... Er malt also wieder ... Mit der Hand deutet er auf die Sitzbank "Bitte! Es ist schön, dich wieder zu sehen, Nora! ... Tee?" Gedankenverloren setzt sie sich hin, "Ja, bitte!" Sie räuspert sich. Sie schaut sich um, lässt den Blick wandern. "Ziemlich heruntergekommen, nicht?" fragt er beiläufig, während er sich eine Zigarette anzündet. "Nein, nein, nicht deswegen, nein, überhaupt nicht ..." dann verstummt sie. Mit leuchtenden Augen schaut er sie an, mit der Hand fährt er durch sein krauses Haar: "Ist schon gut Nora! Entspann dich! Fühl dich wohl!" Da muss er lachen: "So gut es halt geht ... Ist dir kalt? Soll ich dir was holen?" Sie schüttelt den Kopf: "Aber nein, überhaupt nicht!" Wie zwei verängstigte Vögel kreisen ihre Augen in dem kleinen Haus. Endlich finden sie etwas, wo sie landen, sich ausruhen können: "Ein neues Bild, ja? In Violett? Eine Frau? Ja, doch! Die Konturen! Oder?" Wenn er lacht, strömt warmes Licht aus seinen Augen, die Falten um sie wirken fast wie Sonnenstrahlen, "Ja" flüstert er, "ganz neu, ist noch nass, sonst würde ich es dir gleich mitgeben". Nora hält den Atem an, ihr Anliegen muss sie zur Sprache bringen, Tobis Wunsch, aber auch etwas anderes, etwas, was ihr keine Ruhe lässt. Die Hand vor dem Mund, verzweifeltes Runzeln auf der Stirn sucht sie ihre Stimme. Sie zupft an ihrem Schal, als wäre er für den Würgegriff der Unruhe verantwortlich: "Ich hätte nicht zulassen dürfen, dass du dem Verein all die Werke spendest ... Ich hätte dich aufhalten sollen ... Ich sollte dir... Ich hätte dich ..." Max lauscht ihren Worten, während er seine Zigarette im Aschenbecher ausdrückt. "Was bereust du Nora? Ich bereue nichts ... Was auch immer ich tat, tat ich aus freier Entscheidung ... Ein Geschenk ist keine Bestechung, kein Tauschhandel, kein Kaufvertrag ... jedenfalls nicht für mich ... Darf ich mich freuen? Darf ich schenken? Eine Riesenfreude habe ich empfunden". Er breitet die Arme aus, als hielte er einen riesigen Ball in den Händen. "Schau, der Regen hat nachgelassen! Die Sonne scheint wieder, Nora! Wer hätte das gedacht!" Verlegen lächelt Nora vor sich hin. "Ich stelle keine Bedingungen an das Glück ... es kommt und geht, so wie es will ... Meine Tür ist immer offen... Magst du noch einen Tee?" Geistesabwesend schüttelt sie den Kopf. Einen Augenblick lang erwägt sie, ihm Fragen zu stellen, sich mit ihm zu unterhalten. Aber Tobi hat jetzt Vorrang, es geht jetzt um Tobi. Sie zögert ... Nein! Sie wird nicht aufgeben, auch wenn sie keinen klaren Gedanken mehr fassen kann ... Ihre Augen, zwei verzweifelte Vögel, kreisen im Haus ... "Max, ich möchte dich, ich muss dich um etwas bitten, es geht um Tobias, dein Gemälde, die Umarmung ... " Max schaut sie besorgt an, während Nora mit heiserer Stimme ihr Anliegen zur Sprache bringt. Er nimmt wahr, wie die Sonne den Staub der Küche in das Feld gewaltiger Sichtbarkeit rückt. Seine Hand wandert nervös über die Tischkante: "Ich kann nicht, das kann ich nicht, Nora ...

28

Ich muss dich enttäuschen, ich muss Tobias enttäuschen … Ich habe es übermalt, vorhin … nachdem du angerufen hast … Die Umarmung, sie ist längst in mir, nicht mehr draußen …" Nora schirmt mit zitternder Hand ihre Augen ab. Sie drückt fest gegen die Nasenwurzel: "Mit Violett übermalt?" Ihre Stimme zittert. Max lässt die Schultern hängen, atmet aus, wendet den Kopf zur Seite: "Mit einer Mischung aus Blau und Rot …" sagt er mit halb geschlossenen Augen.

Die Farben hielten inne und lauschten der blauen Stimme. Rot breitete seine Flammenarme aus, um das dunkelnde Blau zu umarmen… Erhaben lächelte das Violett vor sich hin, ein goldener Hauch auf der Stirn …

Gerade erst von Glück gestreift, löste sich der Regenbogen in der Unendlichkeit auf.

ELFIS SEHNSUCHT

Sie lebt ja allein, sicher eine Witwe, was sonst? Oder eine alte Jungfer... Ihr Küchenfenster steht immer offen, Tag und Nacht, wohl jetzt während des Sommers ... Eine Leiter hinauf, nach Mitternacht, Alte können nicht so ohne weiteres einschlafen, rein in die Küche, mal sehen, was sie so alles zu bieten hat, Kröten? Schmuck? Ist ja nicht schlimm, ich tue ihr eh nichts an ... Wozu braucht eine einfältige Mumie Geld und Schmuck? Gelebt hat sie ja lang genug ... Zehn Minuten vor Achtzig wird sie wohl einiges entbehren können ... Führe ich vielleicht ein gutes Leben? Ist es etwa gut, wenn man jung ist und ohne nichts?

Elfi ahnt nichts ... Mit ihrem unschuldigen Lächeln schaut sie sich eine Romanze im Fernsehen an und nippt an ihrem Melissentee. Die hübsche Frau war aber viel zu streng mit dem jungen Mann. Er erinnert sie an ihren Enkelsohn Sepp ... Zu Ostern wollte er doch kommen ... Konnte offenbar nicht ... Zu Weihnachten auch nicht ... Aber vielleicht jetzt, im Juli, zu ihrem Geburtstag ... Sepp ist ein anständiger Bub. Wie gern ihn Opa hatte, und Tante Poldi, und Onkel Heli erst recht ... Elfi schaltet den Fernseher aus, geht zu Bett. Ja, ja, wir waren mal eine Großfamilie, zu sechst saßen wir zu Tisch, an Wochenenden fuhren wir aufs Land, Poldi hatte Kirschbäume, oder war es die Rosi? Nein, die Rosi kann es nicht gewesen sein, die Arme, die hatte ja nicht lang zu leben, die war keine zwanzig, als sie ... Es waren andere Zeiten ... Das Haushaltsgeld langte nicht für ein ordentliches Essen ... Papa kam aus der Gefangenschaft, mager, zerlumpt, Elfi sagte er, für meine Elfi, drückte mich an sich, gab mir eine Stoffpuppe, nein, die Puppe gab er mir erst später, zu meinem Geburtstag ... Was ist wohl aus ihr geworden? Wer hat sie weggeworfen? Ich bestimmt nicht

… Eva fand ja keinen Gefallen daran, schon als Kind nicht, sie wird sie weggeschmissen haben … Es muss immer alles neu sein, neu! Neu! So ist meine Tochter, immer alles neu … Neue Wohnung, neues Auto, neue Freunde, neue Arbeit, neuen Mann … Evalein, Kind, bist du glücklich? Zu Ostern rief sie an, Kurzurlaub sagte sie, von Mallorca aus, sagte sie … Ob weit weg oder hier, ich sehe sie eh nur zu Weihnachten … Na ja, jammern sollte ich auch nicht. Ich kann mich nicht beklagen, wirklich nicht, habe eine anständige Wohnung, eine gute Rente, kann gehen und kommen, wann ich will, kochen kann ich auch noch, nicht mehr so gut wie früher, aber … Vanillekipferl kaufe ich morgen, ein paar hebe ich für mich auf, den Rest gebe ich der süßen Tochter der Nachbarin, ist sie hübsch, diese Locken, meine Eva sah auch so aus … Gott, mach, dass ich einschlafen kann! Wie viele Tage sind vergangen, seitdem sie ein Wort mit jemandem gewechselt hat? Am Montag mit dem Bankangestellten, gestern mit dem Mädel im Supermarkt … Die Einsamkeit nagt an ihrem Schlaf … Wir waren mal eine Großfamilie, wir frühstückten gemeinsam, aßen gemeinsam zu Abend … Kaffee und Kuchen schmecken gemeinsam so gut …

Elfi steht auf, geht in die Küche. Nur kein Licht, sonst sind die Mücken drinnen. Sie stützt die Arme auf den Tisch, knabbert an einem alten Stück Zwieback. Wozu der sündteure Käse im Kühlschrank, die guten Kirschtomaten, die knackigen kleinen Gurken, die saftigen Marillen, die Butterkekse … Sie hat keinen Appetit, schon seit langem nicht … Was ist das für ein Geräusch? Ach nichts, wieder nichts, andere in ihrem Alter sind schwerhörig, sie hingegen bildet sich Geräusche ein … Sie beißt in ihren Zwieback, wie eine Pflichtübung kaut sie, es schmeckt so fad. Kaum dreht sie ihren Kopf nach dem Fenster, sieht sie einen Mann hineinklettern … Sie lehnt sich zurück, "Sepp!", ruft sie leise, "was um Himmels

Willen machst du um die Zeit?" Der Mann dreht sich ruckartig um, erkennt die Umrisse der alten Frau in der Dunkelheit. Wie schockgefrorenes mannshohes Gemüse bleibt er stehen. "Setz dich hin Kind, setz dich! Hunger wirst du wohl haben, dass du gleich in die Küche kommst, so setz dich doch!" Sie stellt zwei Teller auf den Tisch, holt Obst, Gemüse, Käse aus dem Kühlschrank, entschuldigend flüstert sie: "Das Brot ist nicht gar so frisch, aber iss Kind, greif zu!" Das Kinn in die Brust gedrückt, tut er, was ihm nahegelegt wird. "Licht brauchen wir eh nicht, oder? Wegen der Mücken. Da die Marillen, so süß, wenn ich gewusst hätte, dass du kommst, hätte ich einen Kuchen gebacken." Elfi nimmt eine saftige Marille, dann ein Stückchen Käse, sie schält eine Gurke, gibt dem Mann die Hälfte: "Kost` einmal! Greif zu Kind, greif nur zu!" Mit gesenktem Kopf und vollem Mund sitzt er da. "Kaffee?" Er schüttelt den Kopf. "Doch Kind, doch! Kaffee trinkst du immer gerne. Ohne Milch, ohne Zucker, oder?" Sie schaltet die Kaffeemaschine ein, stellt Tassen und Kekse auf den Tisch. Sie spürt, dass er aufstehen möchte und legt ihre dünnen Hände auf seine Schulter: "nicht jetzt, Liebes, noch nicht, später …" Er gibt nach und fängt an, mit dem Bein zu schlenkern. Sie schenkt Kaffee ein, vornübergelehnt tunkt sie einen Keks in ihren Kaffee, schmatzt, labt sich an dem herrlichen Geschmack, "Es leckerte mich so danach …"

Gekrümmt sitzt er da, die Tasse gegen den Mund gedrückt … "Da schau her! Fast hätte ich es ganz und gar vergessen … Augenblick! Komme gleich …" Sie streichelt den Rücken des Mannes, während sie aus der Küche geht. Noch bevor seine Unruhe ihn zu einer Handlung treibt, kommt Elfi wieder zurück, mit der einen Hand klammert sie sich an die Tischkante, in der anderen hält sie ein kleines Stofftäschchen. Warmes Licht sickert aus dem Nebenzimmer in die Küche. Einige Sekunden lang haftet ihr Blick an den knochigen Händen des Mannes. "Da, kannst dich erinnern Sepp, Opa hat sie mir zum 40.Hochzeitstag geschenkt ... Diese Ohrringe, diese Halskette ... Na ja, warst ja noch klein ... Wenn du mal heiratest Kind, schenkst sie deiner Braut, ja? Opa würde sich bestimmt freuen ... Heb sie gut auf! Sag aber deiner Mama nichts davon, das bleibt unter uns, ja? Das bleibt unser Geheimnis, Kind, ist besser so, wer weiß ..." Der Mann versucht sein Husten zu unterdrücken, Elfi streichelt seine Brust, küsst ihn an der Schläfe "Riechst du aber gut ... Komm, nicht dass sich die Mama Sorgen macht, los Kind, ist schon spät, geh jetzt nach Hause, aber schön vorsichtig, ja?"

Das gibt`s doch nicht, das darf doch nicht wahr sein ... Wie von Schmerz gekrümmt biegt er um die Ecke. In der Ferne fällt eine Wagentür zu. Er überprüft den Schmuck, alles da, die Ohrringe, die Kette, kein Traum, keine Wahnvorstellung, alles da Herrgott! Alles da!

Elfi geht zu Bett, der Atem, der Herzschlag eines Menschen, sein Hunger waren bei ihr zu Besuch. Sie gab ihr Bestes, gerne. Und was, wenn er ... Na wenn schon, lieber, tausendmal lieber so ... sein Geruch, der warme Geruch des Menschen ... Zufrieden schläft Elfi ein.

DIE SPUR DER GAZELLE
EIN MÄRCHEN

"wer ist unsichtbar genug, euch zu sehn?"

Paul Celan

Es war einmal eine Prinzessin mit wunderschönen Mandelaugen und haselfarbenen Locken. Sie hatte seidene Haut und duftete nach Mandelblüten. Sie konnte tanzen und singen, lesen und schreiben, reiten und fischen ... Aber sie konnte nicht lachen. Der König und die Königin waren sehr besorgt. Sie wünschten sich nichts sehnlicher, als das Töchterchen lachen zu hören. Weder der Hofnarr noch die Puppenspieler aus dem fernen Morgenland konnten ihr ein Lächeln entlocken. Selbst die prächtig blühenden Rosen und Tulpen, die herrlich duftenden Jasminblüten im zauberhaften Garten des königlichen Schlosses konnten ihr keine Freude bereiten.

Da das Königspaar eine große Belohnung in Aussicht stellte, kamen verschiedenste Menschen aus dem gesamten Königsreich zum Schloss, um ihre Künste darzubieten, und, so Gott will, die Prinzessin zum Lachen zu bewegen ... Die wandernden Geschichtensammler ließen sich tagelang im königlichen Hof nieder und erzählten die lustigsten Geschichten. Alte Männer in weiten, wallenden Gewändern ließen Schmetterlinge tanzen, Frösche singen, weiße Mäuse Harfe spielen. Ein Jüngling miaute wie ein Kätzchen, wieherte lauter als ein Pferd, bellte wie ein Hund und zwitscherte schöner als die Vöglein. Eine bildhübsche Frau mit goldenem Haar und honigfarbenen Augen brachte goldene Milch für die Prinzessin mit. Alle Vorkoster brachen in schallendes Gelächter aus, selbst die Königin konnte sich nicht länger beherrschen und lachte laut wie eine Frau aus dem einfachen Volke. Aber Sirella konnte nicht einmal kichern. Schweren Herzens verfluchte sie ihr Schicksal und weinte bittere Tränen.

Prinzen und Fürsten ließen sich nicht mehr blicken, da die Prinzessin sie auf Bällen und Festen, die das Königspaar veranstaltete, mit ihrem ernsten Gesicht und finsterem Blick verscheucht hatte.

Der König war verzweifelt, und in seiner Verzweiflung fiel ihm ein, was vor vielen, vielen Jahren, als Sirella noch in dem hübschen Bauch der Mutter lag, geschehen war ... Auf der Jagd im wildreichen Gebiet hatte er eine Gazelle erschossen. Da war eine alte Frau herbeigeeilt, hatte einen herzzerreißenden Schmerzensschrei ausgestoßen, die tote Gazelle in den Arm genommen, sie gewogen wie ein Kind, hatte geheult und geschrieen, hatte geschrieen und geheult, bis sie in Ohnmacht gefallen war. Während sie jämmerlich weinte, hatte sie den König verwünscht: "Verflucht seien deine Samen und deine Frucht!" Der König hatte seine Leibwächter zurückhalten müssen, damit sie die Greisin nicht bestraften, da sie ja ohnehin Höllenqualen litt. Der Vorfall hatte ihm aber die Nachtruhe geraubt. Es waren sieben schlaflose Nächte vergangen, ehe der König seine Leute samt einer jungen Gazelle zur Greisin schickte. Ob des Schmerzes oder ihres hohen Alters war sie aber leider schon dahingeschieden ...

Während der König grübelte, klopfte ein Bote an der Saaltüre und bat um Einlass. Voller Begeisterung erzählte er von einem kleinwüchsigen Mann, der fliegen könne. "Her mit ihm!", donnerte der König. Da trat ein halbnacktes Männlein mit einem grünen Sack am Rücken vor. Er sah gar so eigenartig aus, dass der König ihm befahl, sich vorzustellen: "Pasarinho ist mein Name, Exzellenz, in Lusitanien, da, wo ich herkomme, heißt das kleiner Vogel ... Ich möchte Ihnen bei Gott nicht den Rücken drehen, Exzellenz, aber ich muss es tun, wenn Sie gestatten würden, denn da hinten in diesem Sack befinden sich meine Flügel, die ich verstecke, damit die Menschen mich nicht verspotten. Da Fliegen so lustig ist, möchte ich Sie um Erlaubnis bitten, der Prinzessin das erlesene Glück der Lüfte zu zeigen. Seien Sie unbesorgt, Exzellenz, Ihre Boten habe ich bereits mehrmals geflogen, auch die Köchin samt Gans, Feigen und Wein." Der Bote fügte bestätigend hinzu: "Auch die Küchenmagd und den Küchenjungen samt Mehl, Milch und Zucker, den Schneidermeister samt Stoff und Werkzeug, und auch ..." Obgleich der König sich freute und Hoffnung schöpfte, musste er dem fliegenden Lusitaner eine Bedingung stellen: "Aber wenn du mein einziges Kind nicht wohlbehalten zurückbringst, lasse ich dich töten!" Da wurde Pasarinho noch kleiner, wich einige Schritte zurück, stotternd zwitscherte der Knirps: "Es tut mir unendlich leid, Exzellenz, Ihnen widersprechen zu müssen, aber ich kann beim besten Willen nicht sterben, im Reich der Lüfte herrschen, mit Verlaub, andere Gesetze. Wenn Sie aber gestatten, lasse ich mein Kostbarstes, meinen Liebsten bei Ihnen, meinen einzigen Freund auf Erden, der mich nie verspottet ... Olhinho, den begnadeten Seher aus Lusitanien, den ich hergeflogen habe, da Einsamkeit selbst an heißen Sommertagen bitterkalt ist, Exzellenz". Der König schaute sich nach allen Seiten um, nach einer Weile des Nachsinnens spürte er, dass er diesem eigenartigen Männlein vorbehaltlos vertrauen konnte. So willigte er ein.

Vor dem Abendmahl erzählte der König seiner Gemahlin von Pasarinho und seiner Flugkunst, von der innigen Hoffnung, das geliebte Kind endlich lachen zu sehen, ihm sei aber auch bange, dem Töchterchen könne etwas zustoßen, obgleich Pasarinho vertrauenswürdig sei. Da fasste sich die Königin ein Herz, faltete stolz die Hände zusammen, lehnte sich zurück, warf dem König einen vielsagenden Blick zu und sprach: "Es schickt sich nicht, ich weiß, aber ich bin bereits mit ihm geflogen … heute … über grünes Land und blaues Wasser … Ich kann unsere Tochter keiner Gefahr aussetzen, also musste ich es tun". Die goldene Krone auf dem purpurroten Haupt des Königs zitterte eine Weile, aber das süße Lächeln seiner Gemahlin beruhigte ihn wieder. Als das Königspaar, in Samt und Seide gekleidet, der Prinzessin im Laufe des Abendmahls feierlich eröffnete, dass sie mitfliegen könne, freute sie sich so sehr, dass sie in die Hände klatschte, aber anstatt zu lächeln oder geschweige denn zu lachen, strömten wieder heiße Tränen aus ihren schönen Mandelaugen.

Am nächsten Tag im frühen Morgenlicht flatterten sie los. Pasarinho streckte seine silbrig schimmernden weißen Flügel aus, die Prinzessin lag auf seinem Rücken, umklammerte fest sein Bäuchlein. Als sie die Kirschbäume streiften, hörte Sirella durch die Zweige den Wind rauschen. Amseln schickten ihr zwitschernd Küsse zu, verträumte weiße Täubchen auf den Dächern zogen ihre Köpfe unter dem Flügel hervor und trauten ihren Augen nicht, kleine Vöglein, die noch nicht so recht fliegen konnten, klatschten vor Freude mit den Flügeln, und siehe da, sie schwebten schon in der Luft … Noch nie zuvor war Sirella so glücklich gewesen. Elegante Raben, glänzend wie schwarze Perlen, nahmen gerade Trauben und Käse zu sich. Das Wasser lief Sirella im Mund zusammen, wie gerne hätte sie ein Bisschen von diesem Diebesgut entgegengenommen. Schaumgleiche Wolken streichelten sanft ihre Locken. Von hier aus sah der See so klein aus, ein winziges Häuflein Blau nur … Wohlig kühle Luft liebkoste ihre Wangen …

Währenddessen bestellte der König Pasarinhos Freund, den begnadeten Seher zu sich. Der Mann, nicht sonderlich groß, wenn auch nicht gar so winzig wie Pasarinho, war einäugig. Auf dem rechten Auge trug er eine lilafarbene Augenklappe. Der König, verwirrt und ungehalten, befahl ihm, sich vorzustellen: "Olhinho ist mein Name, in Lusitanien, wo ich herkomme, heißt das Äuglein. Ich bin ein einfacher Fischer im Weltenozean, nichts weiter, früher war ich Pirat, jetzt, wie soll ich sagen, jetzt bin ich ein desertierter Pirat. Äuglein nennt man mich, weil ich der Wissenschaft des Sehens verpflichtet bin, weshalb mich die Piraten bei sich behalten wollten, damit ich sie zu Schatzquellen führte, als ich mich jedoch weigerte, hätten sie mich beinahe …, beinahe …, aber da hat mich Pasarinho gerettet und hergeflogen". Unzufrieden mit diesem menschlichen Pfand drehte der König den Kopf zur Seite und brummte mit einer Prise Verachtung vor sich hin: "Ein desertierter Pirat, ein einäugiger Seher, Fischer auch noch, Petri Heil!" Wohl hätte der König erzürnen können, wäre da nicht die Barmherzigkeit in der linken Brust und die zärtliche Sorge um sein Töchterchen. Olhinho sah das seltsame Gemisch im Herzen des Königs, er blinzelte mit seinem einzigen Auge und ließ die Arme baumeln, singend sagte er: "Sie kommen, sobald der Himmel violett wird mit rosarotem Hauch, sie landen gesund und glücklich". Obgleich es sein inniger Wunsch war, fragte sich der König, woher der Einäugige denn all das wissen könne, und er quälte sich mit düsteren Gedanken … Olhinho konnte aber nicht nur sehen, sondern auch sich an die Zukunft erinnern. Wie sollte er bloß von seinen Gaben erzählen, um das Vaterherz von quälenden Sorgen und Zweifeln zu befreien, ohne die Gebote der erlesenen Bescheidenheit zu gefährden, er war ja nur ein Meister des Sehens, jedoch kein Meister der Worte … Schade, jammerschade, dass sein Freund Pasarinho ihm jetzt nicht helfen konnte. Also murmelte er unbeholfen vor sich hin: "Manchmal hat man Augen, zwei an der Zahl, um zu übersehen. Da ich aber nur ein Stückchen davon besitze, kann ich es mir nicht leisten, dieses einzige dazu zu benutzen, mich blind zu stellen, und was die Wissenschaft des Sehens anbelangt …" Sein Atem stockte, da er sich plötzlich an die

Zukunft erinnerte, an zwei Männer in Germanien, Carlos und Federico, an ihre Tinte aus Engelshand, an ihre vom Himmel gesandten Worte voller Musik, die auf Engelsschwingen zu ihnen eilten… Bescheiden aber voller Leidenschaft sprach er ihre Worte nach: "Alle Wissenschaft wäre überflüssig, wenn die Erscheinungsform und das Wesen der Dinge unmittelbar zusammenfielen …"

Unbeschwert schwebten Sirella und Pasarinho im himmlischen Blau, dem unartigen Wind fielen neue Spiele ein, da kuschelte sich die Prinzessin enger an Pasarinho, die Sonne überschüttete sie mit Licht, Möwen lachten scharenweise, sie zogen ihre Kreise und lachten unaufhörlich. Das Lachen kam immer näher, Pasarinho drehte den Kopf zurück und sah, wie Sirella frohen Herzens lachte … Ihre Augen, ihr wehendes Haar, ihr vor Glück bebender Körper, alle lachten! Großer Gott! Dachte er bei sich, ich trage sie in die Lüfte und sie lernt das Lachen von den Möwen … Voller Freude flogen sie weiter, mal ein Gekicher, mal schallendes Lachen, bis der Himmel sie mit edlem Violett und zartem Rosa zum Landen aufforderte. Der Wind wurde artig und begleitete sie sanft bei ihrem Landeflug. Als sie abermals den Kirschbaum streiften, waren König und Königin, Dienstmagd und Küchenjunge, Schneider und Köchin, Fischer und Zuckerbäcker, Handwerker und Künstler, Hofnarr und Jäger im Garten, auch der einäugige Seher. Voller Freude schlossen König und Königin ihre Tochter in die Arme. Alle klatschten in die Hände. Als Sirella von ihrem Glück, von ihrer unvorstellbaren Freude erzählen wollte, bekam sie feuchte Wangen. Erst dachte sie, es seien Regentropfen gewesen, dann dachte sie, die dumme Magd würde oben die Blumen gießen, dann dachte sie, es sei … aber nein, sie, sie selbst weinte wieder bittere Tränen. Der König ließ den Kopf hängen, umarmte das arme Töchterchen, die Königin drückte auf ihr Herz und schluchzte, die Köchin und der Küchenjunge, die Magd und der Schneider, der Zuckerbäcker und sein Geselle, die Handwerker und Künstler, alle, alle verstummten, alle senkten den Blick, still gingen sie zurück. Pasarinho faltete die Hände vor der Brust, "aber da oben, Exzellenz, da hat die Prinzessin so schön, so viel, so aus vollem Herzen gelacht … Aber oben, oben herrschen, mit Verlaub, andere Gesetze …" Olhinho indessen eilte zur Prinzessin, blieb vor ihr stehen, hochrot vor Aufregung, griff er nach ihren Händen: "Ich sah, was du sahst, als du dich freutest, gerade als du lachen wolltest, da sah ich, was du sahst, was dich zu Tränen rührte, sahst du nicht auch die tote Gazelle, die trauernde Greisin, deinen schluchzenden Vater?" Sirella traute ihren Ohren nicht, Verwunderung und ein Hauch Freude bebten in ihren feuchten Augen. Also gab es doch ein Menschenkind auf Erden, das sah, was sie sah, das in Worte fasste, was sie verstummen und nur weinen ließ. Da erzählte der König alles, was vor vielen, vielen Jahren, als Sirella noch im hübschen Bauch der Mutter lag, geschehen war. Er weinte bittere Tränen, mal still, mal schluchzend, aus seinen Augen strömten Schmerz- und Schamtropfen. Alsbald sahen Sirella und Olhinho die Greisin mit der geliebten Gazelle, den Frieden in ihrem Herzen und wie sie dem jämmerlich weinenden König zuflüsterte: "Ist schon gut, Kind, ich habe dir verziehen". Da lachte Sirella zwar leise, aber zum ersten Mal auf Erden.

So kam es, dass der König die beiden begnadeten Männer aus Lusitanien belohnen wollte, Juwelen, Land, Schloss, Boote, was immer ihre Herzen begehrten. "Wir möchten nicht unhöflich sein, Exzellenz, aber wir wünschen uns gar etwas anderes", jetzt zitterte das Vaterherz, doch nicht die Hand meines geliebten Kindes, dachte er bei sich, "So sagt es jetzt!" befahl er. Pasarinho fasste sich ein Herz: "Wir bitten Sie um die Erlaubnis, heiraten zu dürfen. Olhinho und ich möchten heiraten, Exzellenz!"

Das Königspaar veranstaltete ein großes Fest, das vierzig Tage und vierzig Nächte dauerte, Köstlichkeiten wurden aufgetischt, Honigwein wurde getrunken, getanzt wurde zu himmlischer Musik. Der Zuckerbäcker machte eine riesige Torte in Regenbogenfarben und schmückte sie mit süßen Küssen. Das lusitanische Hochzeitspaar war überglücklich. Sirella, die Trauzeugin, strahlte in vollem Glanz.

Sie bewahrte die Freude im Herzen bis ans Ende ihrer Tage und selbst wenn sie gestorben ist, können wir ihrem himmlischen Lachen heute noch lauschen...

AUS DEM ALBUM DER VAGABUNDIN
DREI PHOTOS

Prinzeninseln vor Istanbul, 1970

Die Oktoberfrische schlummert auf der Insel der Kindheit. Die
Herbstwinde kräuseln das Meer. Das frische Brot in der Hand, eile
ich nach Hause. Mutter Natur hat mich seit Anbeginn der Zeit mit
gesundem Appetit gesegnet. Beim Anblick des knusprigen Brotes
kann ich nicht lange untätig bleiben. Kaum biege ich um die Ecke,
ertappt mich der alte Fischer - umgeben von einer Katzenschar -
auf frischer Tat. "Nichts Gescheites zum Essen gehabt, Kleines?"
Mit vollem Mund darf man wohl nicht antworten.
Die Blätter rascheln. Mit jedem heftigen Windstoß zittern die Äste
und verlieren ihre letzten rotblonden Blätter. Fährt ein Schiff vorbei, branden die Wellen an den Kiesstrand. Laut atmet das Meer
aus. Die Abendsonne versteckt sich hinter bleifarbenen Wolken.
Die Luft riecht nach Regen. Da, wo sich alle Inselbewohner in
Erwartung eines heftigen Regens in ihre Häuser zurückziehen, be-
gibt sie sich wieder an den Strand, zu den schäumenden Wellen.
Für das Chaos ihrer Haare ist wohl der Wind verantwortlich. Sie
ist die Verrückte unserer Insel, die in ihrer Abwesenheit belächelt
und in ihrer Anwesenheit gefürchtet wird. Ich muss an ihr vorbei,
um an unsere Haustür zu gelangen. Hat sie schon wieder die über-
ladene Stofftasche bei sich? "He", ruft sie und mustert mich schee-
len Blickes. "He, Dickerchen! Weißt du, wo sie ist?" Ich weiß weder, wo sie ist, noch wer diese "sie" ist. Ich schüttle den Kopf. Sie
nickt sehr gönnerhaft: "Nicht mal Erwachsene wissen es, woher
solltest du es wissen … Sie haben sie entführt, die Piraten haben
sie entführt, niemand hat das Lösegeld bezahlt, sie ist verschwunden, seit einer Ewigkeit." Der Wind wird heftiger und hinterlässt

einen salzigen Geschmack auf meinen Lippen. "Wer? Wer wurde entführt?", frage ich stotternd. "Die Liebe, Gott im Himmel, die Liebe wurde entführt", murmelt sie vor sich hin. Dabei verzieht sie das Gesicht wie bei einem trostlosen Beileidsbesuch. Zuerst einige A- dann einige O-Laute entgleiten meiner Kehle, während ich in ihrer offenen Tasche eins, zwei, drei, sechs Salzpäckchen sehe. "Niemand hier spürt was, doofe Kreaturen samt Kind und Kegel!", faucht sie mich an. Ich weiß nicht warum, aber ich strecke ihr das Brot entgegen, beziehungsweise das, was noch davon übrig ist. Mit einer abweisenden Handbewegung aus dem Gelenk heraus wimmelt sie mein Angebot ab. Schnell mache ich eine Pirouette wie eine Ballerina - oder wie eine Ringkämpferin? - und gehe schnurstracks nach Hause. Irgendwie fühle ich mich wie eine Diebin, weil ich etwas gesehen habe, was nicht für meine Augen bestimmt war. Auf der Fensterbank sitzt der streitsüchtige Kater mit zerkratzter Nase. Unentwegt starrt er mich aus gelben petzerischen Augen an.

Linz an der Donau, 2005

Es schüttet. Wir schauen uns an, die Donau und ich. Grün-grau fließt sie dahin und sieht, wie ein Wesen an ihrem Ufer - eingehüllt in einer Regenjacke - nasse Haarsträhnen aus dem Gesicht streicht. Wir üben uns in Gedankenübertragung. Zeugin der Jahrhunderte, was alles hast du schon gesehen mit deinen nassen, grün-grauen Augen? Freude, Schmerz, Gleichgültigkeit in wie vielen Sprachen? Fließen in jedem einzelnen Moment Zukunft und Vergangenheit ineinander über? Ob ich einsam bin … Die kühle Luft streift meine Haut … Die Einsamkeit ist schön, schön wie die Nacht mit ihren unzähligen Sternen. Ob du mein Bild mit ans Meer nimmst, während du dorthin fließt? Ob ich schon lange auf dem Festland verweile, ob ich nach dem Meer dürste … wie du? Mein Atem stockt. Aus meinem Gedächtnis hole ich die Weltkarte und den glänzenden Zirkel der Kindertage, setze die Spitze auf Linz, verlängere den Radius bis Istanbul, ziehe einen Kreis, mal nach rechts, mal nach links, auf der anderen Seite des Kreises liegt eine Stadt am atlantischen Ozean, durch sie fließt der Tejo und mündet dann im grenzenlosen Salzwasser. Der Ruf des Meeres ist ein Sog, dem wir blindlings folgen wie Schlafwandlerinnen oder Mondsüchtige, falls wir ihn vernehmen … ein unstillbarer Durst, eine Sucht, eine Art Krankheit, aber "eine Krankheit, die nicht im Traum an Genesung denkt".

Weißt du, wie das auf Portugiesisch, aus dem Munde Fernando Pessoas klingt? Warte, bis es Nacht wird und das Mondlicht sich auf den dunklen Falten deiner Haut bricht.

Cabo da Roca bei Lissabon, 2005

> *"…wo die Erde endet und das Meer beginnt"*
> *Luís de Camões*

Hundertvierzig Meter unter mir der Ozean. Die Schiffe sehen wie Spielzeuge aus. Der weiße Leuchtturm, die wilden Felsen und ich werden von Sonne und Wind liebkost. Rundherum, soweit das Auge reicht, grenzenloses Blau. Ich setze mich auf einen Stein, genauer gesagt auf zwei, damit meine Pobacken es gemütlich haben. Der Wind fegt die schwüle Hitze weg, treibt aber ein unanständiges Spiel mit meinen Haaren und meinem wallenden Rock, der in die Höhe flattert. Schnell löse ich eine Haarklammer und befestige sie an meinen Rockzipfeln. Die Sonne prahlt mit ihrer Zauberkraft, sie vergoldet die nassen Klippen. Sobald sich der Wind legt, brennt die Sonne auf meiner Haut … wie ein leidenschaftlicher Kuss, der vom nächsten Hauch abgelöst wird. Meine Haare und Rockzipfel spielen verrückt, die Klammer hilft nicht, der Wind wird obszön. Gut, dass ich alleine bin, da am westlichsten Punkt Europas, da "wo die Erde endet und das Meer beginnt", da wo der starke Wellengang ein namenloses Blau hervorbringt. Der Wind trägt den Salzgeschmack des Meeres auf meine Lippen. Es schmeckt gut, gut wie das Salz der Kindheit. Meine drei Liebhaber - Sonne, Meer und Wind - entführen mich in andere Zeitzonen. Wie so viele andere auch erliege ich ihrem Charme und lasse mich gehen. Auf leisen Fußsohlen kehrt eine Erinnerung zurück. Trotz des Regens war sie am Strand geblieben, fast reglos, wie eine nasse, verwundete Möwe. Aber dann hatte sie mit den Zähnen ein Salzpäckchen nach dem anderen aufgerissen, die Papierreste weggespuckt und das ganze Salz ins Meer rieseln lassen. Gott im Himmel, ich weiß noch, wie mir die Nase wehtat, weil ich sie gegen das Küchenfenster drückte, um besser zu sehen, um meinen Augen zu trauen, um zu verstehen. Der Regen strömte die Fensterscheibe herab. Mit ihrer gewölbten Hand hatte sie Meerwasser geschöpft und getrunken. Ja, ich sah, ja, ich hatte es gesehen, aber verstanden? Wohl kaum. Und jetzt? Um zu verstehen, müsste ich ihre Sehnsüchte kennen und ihre Verluste, ihre Schwüre und Kämpfe, vor allem aber das Schöne, das berauschend Schöne, das in ihrem Gedächtnis weiterlebte und alles Gegenwärtige in einen hohlen Schatten stellte. Hatte sie es getrunken oder nur gekostet? Warum aber hatte sie das Meer gesalzen?

Die Sonne gebiert sich selbst in winzigen Spiegelscherben auf dem Ozean. Die schäumenden Wellen umspülen die scharfen Kanten und die tiefen Spalten der Felslandschaft. Schaumspuren auf dem Wellental …
Vielleicht wollte sie nicht verstanden werden? Kam mir das je in den Sinn? Der Verstand würde sie zerlegen und zerstückeln, wie

ein Pirat in leichte Fracht verwandeln oder über Bord werfen. Unter portugiesischem Himmel nuschelt Fernando Pessoa: "Verstehen heißt das Lieben vergessen".

Mitten im Ozeanblau, umgeben von kühlenden Winden zappelt eine Sehnsucht in mir: ein Tropfen sein, ein blauer Tropfen, nach Salz riechen, ruhen, brodeln, schäumen, ein Tropfen sein und sich im Ozean auflösen, wieder ein Tropfen sein, in einem anderen Blau, in einem anderen Meer.

SPAZIERGÄNGE MIT FERNANDO PESSOA

"Zum Teufel, ich hab sie satt, die Halbgötter!
Wo auf dieser Welt sind die Menschen? Dann bin also ich der einzige
Schuft und Lügner auf dieser Erde?"
Fernando Pessoa
(Álvaro de Campos)

So absurd es einem auch vorkommen mag, ich kann mich des Gefühls nicht erwehren, zusammen mit Fernando Pessoa durch die Straßen Istanbuls gegangen zu sein ... Wir waren am Bosporus, Fähren, bläulich weiß, legten an und fuhren weiter, wir atmeten die gleiche Winterluft ein, der Salzgeruch des gleichen Meeres strömte uns entgegen, wie einen lange vermissten Duft sogen wir ihn ein, wir hörten die gleichen Schiffsirenen, im Bruchteil einer Sekunde peitschte der gleiche bitterkalte Wind unsere Haut ...

Ich versuche, in das Gefühl vorzudringen ... Ist es eine Fantasie oder eine Erinnerung? Für eine Fantasie sind die Bilder, die Farben und Gerüche viel zu lebendig. Für eine Erinnerung hingegen ist die Möglichkeit des Erlebnisses kaum gegeben.
Der Verstand sagt, dass es sich um eine Fantasie handelt, die auf diesem und jenem Wunsch beruht, aus der Verdrängung von diesem und jenem Konflikt hervorgeht, eine Konstruktion auf der Grundlage von diesen und jenen Gegebenheiten ist ... Außerdem könnten Gefühlswallungen sonderbarer Art zu Wahrnehmungsverzerrungen führen ... lauter einleuchtende Blablas ... Stolz reibt mir der Verstand trockene Daten à la Hinz und Kunz unter die Nase: Als ich auf die Welt kam, war Pessoa schon längst tot. Er starb - sage und schreibe - ein Viertel Jahrhundert vor meiner Geburt. Also?? Also!!! Außerdem ist er nie in Istanbul gewesen. In Südafrika sehr wohl, auch auf den Azoren, aber nicht am Bosporus, we-

der auf der europäischen noch auf der asiatischen Seite, ja? Die
Fahne des auch noch so vernunftbetonten Dogmatismus riecht
übel ... beleidigt meine Nase. Andererseits hat der Verstand ganz
und gar berechtigte Sorgen ... Er möchte seine Normalität beziehungsweise seine Zugehörigkeit zu Hinz und Kunz selbstverständlich nicht aufs Spiel setzen. Bei allem gebührenden Respekt zu
meinem Verstand - der mehr ein kollektiver als ein individueller
zu sein scheint - muss ich jedoch gestehen, dass es sich um Erinnerungen handelt, aus welcher Zeit auch immer. "Zeit" übrigens
ist auch ein Konstrukt, meine Hoheit, genießt allerdings eine Legi-
timität auf der Grundlage von kollektivem Konsens ... Jetzt aber
halt' mich nicht weiter mit Banalitäten auf, lass mich los, damit
ich in meine Erinnerungen eintauchen, rücklings in ihnen
schwimmen kann ... So viel steht fest; ich weiß, dass unsere Wege
sich mehrmals gekreuzt haben. Das erste Mal war es ein kühler
aber sonniger Wintertag, ich war fünf oder sechs, trug einen roten
Mantel mit silbernen Knöpfen und einem flauschigen Kragen aus
falschem Pelz. Es gab durchaus Tage, an denen ich ein artiges
Kind war und an so einem Tag hatte ich ihn getroffen. Meine Ge-
sprächigkeit, die nur so aus mir heraussprudelte, prallte an seine
Schweigsamkeit. Nein, keine harte, keine strenge Schweigsamkeit,
sondern eine traumtrunkene, ein wenig traurige, schüchterne ...
Vielleicht schwieg er auch, um mich nicht bloßzustellen, um mir
das Schamgefühl zu ersparen, dass ich von alldem nichts verstehe,
was er erzählen würde, dass ich seine Sprache nicht kann, nicht
einmal ein einziges portugiesisches Wort ... Wir gingen entlang
der Uferpromenade auf der europäischen Seite der Stadt, ich griff
nach seiner Hand, also musste er den Spazierstock in die andere
Hand nehmen. Eigentlich wollte ich laufen, hüpfen, schneller gehen, da er aber langsamen Schrittes, "träge" würde ich mit Verlaub sagen, ging, wollte ich diesen außergewöhnlichen Spaziergang nicht aufs Spiel setzen und bändigte gekonnt mein

Temperament. Als der feuchtkalte Wind am Bosporus Schlimmes im Sinn hatte - fast hätte er dir den Hut gestohlen und den tobenden Wellen ausgehändigt - , versuchtest du mich zu beschützen, indem du auch den obersten Knopf meines Mantels, vielleicht ein wenig ungeschickt, zuknöpftest. Peinlichst genau darauf bedacht, mir nicht zu nahe zu treten und peinlichst genau darauf achtend, dass ich dir ja nicht zu nahe trete … Dennoch vernahm ich deinen feinen Tabakgeruch, dennoch waren deine Brillengläser beschlagen, offenbar von der Nähe meines Atems … So sehr man sich auch bemüht, manchmal kann man der Nähe wohl nicht aus dem Weg gehen … Hatte ich diesen Gedanken schon damals oder deute ich jetzt rückblickend so? Jahre, Jahrzehnte später liegt dein Buch in meinem Briefkasten, wohl wissend, dass das literarische Ich keineswegs identisch sein muss mit dem Autor, suche ich in jeder Zeile dich, den alten Mann, der vor einer Ewigkeit mit mir am Bosporus war, kein Wort von sich gab, still und langsam ging, mich vor dem Peitschenhieb des bitterkalten Windes schützte, eine seltsame fast unerträgliche Ruhe ausstrahlte… Dein Werk trägt den Titel "Das Buch der Unruhe". Auf gut Glück schlage ich es ungeduldig auf: *"Wir können nie aus uns selbst aussteigen"* schreibst du auf Seite 231… so, als ob wir Schiffe wären, Segelboote, Kutter, Einmannkähne, aus denen andere, aber nicht wir selbst aussteigen können. Ich schlage es noch einmal auf, Seite 70: *"Ich beneide alle Leute darum, nicht ich zu sein"*. Mich, das redselige Kind einer anderen Hafenstadt, hast du nicht beneidet. Bestimmt nicht! Für Neid hatte ich schon damals Antennen, nennen wir es ein genetisch-energetisches Alarmsystem … Nein, ich war nicht du, gänzlich anders sogar, und mich hast du nicht beneidet. Hast du eine Ausnahme gemacht? Ein Geschenk? Eine Geste der Zärtlichkeit? So habe ich jedenfalls deine Schweigsamkeit empfunden, als eine heimliche Geste unermesslicher Zärtlichkeit. Aber dann lese ich auf Seite 158: *"Reden heißt zu viel Hochachtung vor* den Mitmenschen haben. Durch ihr Maul sterben die Fische und Oscar Wilde". Diesen Gedanken kann ich gut, sogar sehr gut nachvollziehen, aber mir wird's bange um die zerbrechliche Schönheit der Erinnerung; Hat er wohl deswegen kein Wort gesagt, deswegen geschwiegen und nicht etwa, weil er mir die Peinlichkeit meiner mangelnden Portugiesischkenntnisse ersparen wollte? Seite 230 eilt herbei wie ein rettender Engel: "Ja, ich meine bisweilen, wenn ich den abschreckenden Unterschied zwischen der Intelligenz der Kinder und der Dummheit der Erwachsenen betrachte, daß uns in der Kindheit ein Schutzgeist begleitet, der uns seine eigene astrale Intelligenz ausleiht und der uns später, vielleicht bekümmert, aber einem hohen Gesetz gehorchend, wie die Tiermutter ihre herangewachsenen Jungen verläßt und das Mastschwein werden läßt, das wir schicksalhaft werden müssen. " Genauso hatte ich dich erlebt, du hattest nichts übrig für die wichtigtuerischen Clownerien der Erwachsenen, kein Blabla, keine Angeberei mit Statussymbolen, keine Demonstration von eisernem Willen ... Selbst deine Gangart war anders; ein wandelndes Plädoyer für die Langsamkeit. Siehe! Was lese ich auf Seite 146: "Ich unterwerfe mich weder dem Staat noch den Menschen; ich leiste ihnen den Widerstand der Trägheit". Und das hast du nicht etwa in der Hitze des portugiesischen Sommers, nicht im feuchten Winter, beide trägheitsförderlich, sondern im Frühling, im blühenden April geschrieben.

An so einem Tag, neun oder zehn Jahre später habe ich ihn wieder getroffen, wieder am Bosporus, diesmal auf dem asiatischen Ufer... Das Haar voller Blütenstaub, den Kopf voller Träume, hatte ich die Schule geschwänzt und machte mit den kleinen Fähren, die man umgangssprachlich Bettlerschiffe nennt - ob ihres dürftigen Aussehens oder ihres beharrlichen Verweilens bei jeder sich bietenden Anlegestelle - eine Bosporusrundfahrt, eine Zickzackroute zwischen Europa und Asien, möwenweiße Holzhäuser am Wasser, kleine Fischerboote, zauberhafte Strandvillen, auf den Hängen blühende Mimosensträucher ... Im Café am Meeresufer unmittelbar neben der dritten Anlegestelle sah ich einen Mann, der in sein Buch vertieft war ... Brille, antiquierter Oberlippenbart, Hut, Krawatte ... Mein Atem stockte ... Gerade noch konnte ich vom Schiff abspringen, um nachzusehen, ob du das warst oder ein anderer mit deinem Hut und deiner Brille, mit Buch und Stift ... Doch! Du! Du sahst mich nicht, du sahst niemanden, warst auch nicht erpicht darauf, du drehtest dir eine Zigarette, blicktest auf das Meer, um dich wieder deinem Buch zu widmen. Eine unsichtbare Kraft hielt mich davon ab, dich zu begrüßen oder gar anzusprechen. Der Wind brachte die schwermütige Melodie einer fernen Geige in den Raum hinein. Ich setzte mich an einen Holztisch schräg hinter dir, prompt schenkte mir der Kellner dampfenden, rotglühenden Tee ein, flüssige Flamme ... Ob du den Tejo vermisst, wenn du hier sitzt, ob du den Bosporus vermisst, wenn du am Tejo-Ufer bist, ob die 1001 Gesichter Istanbuls dich an die 1001 Gesichter Lissabons erinnern ... Lissabons Frühling ist fliederfarben, Istanbuls Frühling mimosengelb ... Der Tejo mündet in den Atlantik, der Kontinente trennt und verbindet, Europa, Afrika, Amerika ... Der Bosporus trennt und verbindet Asien und Europa ... Hafenstädte, in flutendes Licht getaucht, feuchtweiße Möwen auf Azurblau, windgepeitschte Schiffe, silbern schäumende Wellen ... wo kann man sonst mit ansehen, wie die Trennung des Festen durch das Flüssige aufgehoben wird? Täglich, stündlich, unaufhörlich ... Ein Straßenmusikant kam mit seiner Geige und einem hübschen, rotzigen Mädchen an seiner Seite ins Café und ging von Tisch zu Tisch, nach Belohnung Ausschau haltend ... Das turtelnde Pärchen am hintersten Eck gab ihnen Münzen, ich hatte ein großes Stück Schokolade bei mir, in Silberpapier eingewickelt, ich bot sie der Kleinen an, sie freute sich, aß sie genüsslich schmatzend ... Deinen Tisch beachteten sie nicht, als wäre da niemand, als wärest du unsichtbar. Das Mädchen blickte zurück, lachte mich mit ihrem schokoverschmierten Mund an. Schon hattest du dich in aller Stille von deinem Stuhl erhoben, deine Zigarette ausgedrückt, deinen Mantel angezogen -war er sand- oder kieselfarben? - kurz drehtest du dich um in meine Richtung, nicktest - kam es mir nur so vor, oder war es tatsächlich so - mit dem Anflug eines Lächelns, bevor du gedankenverloren zur Tür raus gingst. Ich schaute dir nach, irgendwie sahst du anders aus als letztes Mal, du erschienst mir jetzt kleiner, aber vielleicht weil ich in der Zwischenzeit gewachsen war, und eigenartiger noch: jetzt erschienst du mir nicht mehr so alt wie damals ... Dann fiel mir auf, dass du Papiere auf deinem Tisch liegen gelassen hattest. Ich sprang auf, nahm sie - welch schöne Handschrift - wollte dir nachlaufen ... ein weißer Cadillac raste vorbei ... ein Hupkonzert ... ich überquerte die Straße, wusste aber nicht wohin, welchen Schritt in welche Richtung ... deine Umrisse waren schon in der Sonne verschwunden ... Der Kellner, hochrot vor Aufregung, war mir nachgelaufen, vorwurfsvoll rang er nach Luft, offenbar glaubte er, ich könnte Zeche prellen ... Seine Geduld wollte ich nicht über Gebühr strapazieren, zahlte schnell den Tee, steckte deine Papiere in meine Schultasche und machte mich auf den Weg zum Schiff. Der Satz auf dem obersten Zettel ging mir nicht aus dem Sinn ... Zum ersten Mal war ich stolz auf meine Schultasche. In der Luft schwebte der Geruch nach gegrilltem Fisch. Geschwätzige Möwen kreischten lauthals, Vorfreude auf ein Schlemmermahl? Nicht weit vom Landungssteg verkauften Fischer in ihren vor Anker liegenden Kähnen frisch gefangene und vor Ort knusprig gegrillte Fische mit Weißbrot. Keiner der Käufer sah dir ähnlich. Keine Spur ... wie konntest du so schnell deine Spur verwischen ... in einer fremden Stadt, an der Schnittstelle zwischen Asien und Europa ... trotz deiner Langsamkeit ... Die Sirene und das Quietschen kündigten das Anlegen der Bosporusfähre an. Ein Teil von dir war bei mir, ein Teil von dir begleitete mich zum Schiff, setzte sich mit mir auf eine weiße Bank, neben eine Frau mit Minirock und einem herrlichen Fliederstrauß. Zwei Halbwüchsige - jedenfalls waren sie jünger als ich - bestaunten die Beine meiner Nachbarin, ich sog den betäubenden Fliederduft ein, auf meinem Schoß die Schultasche, in meiner Schultasche Papiere, auf den Papieren deine Handschrift ...

Hattest du sie dort vergessen, wie jemand, der in anderen Sphären schwebt und das Weltliche aus den Augen verliert oder hattest du sie für mich liegen gelassen, *"wie jemand, der es nie gewagt hat, überflüssig zu sein"*... Das war der erste Zettel, darunter die Buchstaben B.S. Wie viel Mut brauchen wir, unter uns gesagt, um überflüssig zu sein? Ist unsere Existenzberechtigung an unseren Nutzen gekoppelt? Hast du sie gesehen, gespürt, oder gerochen? Die Kosten-Nutzen Kategorie angewandt auf das menschliche Leben? Hast du sie wahrgenommen wie Meeresbewohner bedrohliche Strömungen wittern? Auf der Rückseite eine weitere Notiz von B.S. :

"Der Geruchsinn ist ein eigentümliches Sehvermögen".

Vertraust du manchmal mehr der Nase als den Augen, die sich so schnell vom Offensichtlichen vereinnahmen, vom Augenscheinlichen verblenden lassen?

Meine Hand glitt zum nächsten Zettel:
"Ich bin nicht von hier, bin Tourist, Reisender.
Unleugbar: das bin ich.
Selbst in mir, mein Gott, selbst in mir."

Die Unterschrift war diesmal Álvaro de Campos. Aber ich sah doch dich, das warst doch du! Tourist und Reisender, Reisender und Tourist selbst in dir...

"Ich aber bin wie jedermann,
Sofern mich weder die Zähne plagen noch die Hühneraugen, die
anderen Schmerzen vergehen.
Mit den anderen Schmerzen macht man Verse.
Mit denen, die weh tun, schreit man."

Auch hier unterschrieben mit Álvaro de Campos. Wieso stehen unter deinen Aufzeichnungen andere Namen? Gut, mir steht es nicht zu, dir Vorschriften zu machen, nur damit ich meiner Verwirrung entgehen, mir Gewissheit verschaffen kann, aber ... *"Hatte ich Gewissheit, fiel mir stets ein, dass alle Narren eine noch größere hatten"*. Darunter die Unterschrift: Baron von Teive. Aber ich habe doch dich gesehen ... oder nicht? Wer sind all diese Leute?

Álvaro stellt mir eine Gegenfrage:

"Was sind wir? Schiffe, die aneinander vorüberfahren in der
Nacht,
Ein jedes mit dem Leben dieser erleuchteten Bullaugenreihen
Und ein jedes vom anderen nur wissend, dass dort Leben ist, und
mehr nicht.
Schiffe, die sich lichtgepünkelt im Dunkel entfernen".

Schiffe, Anlegestellen, Kaie, die Fernen, Meere, Sirenen ... für das Kind einer Hafenstadt gehören sie zu den ersten Worten, die ausgesprochen werden und die Eltern bisweilen in Selbstzweifel stürzen, weil sie noch vor "Mami" und "Papi" kommen. Sie sind das Grundgerüst des Wortschatzes, wenn man am Meer geboren ist und werden zum Kompass unserer Sehnsüchte, zu Architekten unserer Träume, zur Achse unserer Sprache. *"Schiff dich ein, auch ohne Gepäck, nach deinem anderen Selbst!"* schrieb abermals Álvaro de Campos.

"Es rufen nach mir die Gewässer,
Es rufen nach mir die Meere,
Es rufen nach mir, mit körperlicher Stimme, die Fernen,
Und alle in der Vergangenheit gefühlten Meeresepochen rufen und rufen"

Ein leichter, aber nicht zu unterschätzender Wind kam auf, eine andere Fähre, die an uns vorbeifuhr, löste starke Wellen aus. Unser Schiff hob und senkte sich, senkte und hob sich gewaltig. Die Frau mit dem Fliederstrauß ließ einen Schrei los. Gefahr? Wohl kaum ...

"Die Reisen übers Meer, wo wir alle auf besondere Weise
Einander Gefährten sind, als brächte ein Meeresgeheimnis
Unsere Seelen einander näher (...)"

Álvaro, Schiffsbauingenieur vom Volk der Seefahrer, kennst du es, dieses Meeresgeheimnis? Selbst wenn, würdest du es nicht preisgeben ... Nein, keine Gefahr in Verzug, nur der Wind wurde heftiger. Beschützend hielt ich deine Papiere in meinen Händen, so wie man einen erschrockenen Vogel hält, bis er sich von seiner Verletzung erholt. Allzu lange konnte ich jedoch nicht warten und spreizte meine Finger, um den nächsten Zettel zu lesen, in Klammer, du hattest einen ganzen Absatz in Klammer geschrieben, du, oder wieder Àlvaro:

(Iß Schokolade, kleines Mädchen;
Iß Schokolade!
Sieh, es gibt keine andere Metaphysik auf der Welt als Schokolade.
Sieh, alle Religionen lehren nicht mehr als die Konditorei.
Iß nur, schmutzige Kleine, iß!
Könnte ich Schokolade essen mit der gleichen Wahrheit wie du!
Aber ich denke und, wenn ich das Silberpapier abnehme, das aus Stanniol besteht,
Werfe ich alles zu Boden, wie mein Leben.)

Also doch, du hast doch deine Umgebung wahrgenommen; Während du traumtrunken rauchtest und last, haben deine Tentakel alles gesehen, alles gehört, alles gerochen …

"Ich habe nie etwas anderes getan als geträumt."
"Denn ich bin nicht nur ein Träumer, ich bin ausschließlich ein Träumer". Unterschrieben hat ein gewisser Bernardo Soares …
Wer sind sie, wer ist Bernardo Soares, wer Baron von Teive, wer ist Álvaro de Campos, wer war der, den ich vor knapp einer Stunde im Cafe an der Uferpromenade gesehen habe?

"Ich bin es abermals, so wie ich nicht bin" schreibt B.S. und Álvaro de Campos sagt:

"Nur ich bin irgendwie nicht derselbe, und auch das ist dasselbe".

Ich wandte meinen Kopf zu meiner Nachbarin und lachte sie an, ich musste das mit jemandem teilen, dieses wohlige Durcheinander, das du mir beschert hattest, musste ich einfach mit jemandem teilen, sie lachte zurück. Ihr warmherziges Lachen haftet, als wäre es erst gestern gewesen, unauslöschlich in meinem Gedächtnis, aber vielleicht lachte jede nur vor sich hin, es war schön, immerhin Frühling nach einem langen Winter, das Meer sonnenbeschienen, die märchenhaften Strandvillen am Bosporus, die wir vom Schiff aus sehen konnten, waren herzerfreuend ...

Die nächsten Zeilen kamen von Álvaro:

"Ein Insasse einer Irrenanstalt ist zumindest jemand.
Ich bin Insasse einer Irrenanstalt ohne Irrenanstalt".

Starker Wellengang, auch in mir, jemand, niemand ... zumindest jemand ... Pessoa, Person, jemand, niemand ...

"Ich bin nichts.
Ich werde nie etwas sein.
Ich kann nicht einmal etwas sein wollen.
Abgesehen davon, trage ich in mir alle Träume der Welt"

Als ich diese Zeilen las, vernahm ich in mir - das weiß ich heute noch genau - ein protestierendes Stimmengewirr:
Ausgerechnet mir musst du das zu lesen geben Álvaro, nicht anderen, sondern ausgerechnet mir, die das gesamte Normeninventar, das man uns aufstülpt, wie eine kratzende Zwangsjacke bekämpft, wenn auch mit gereizter Hilflosigkeit, die gleiche unwiderstehliche Sehnsucht danach verspürt, überflüssig zu sein, überflüssig, einfach nutzlos ... wie die Träume, Tagträume, Nachtträume, namenlose, zeitlose Träume ... überflüssig, nutzlos wie alle Träume ... Wenn man den Kopf voller Träume hat, ist es, als ob man den Kopf voller Läuse hätte ... Vorsicht! Ansteckend! Man stellt eine Gefahr dar für die Gesundheit der Gesunden und die Krankheit der Kranken ... Wie viel Mut brauchen aber die Träume? Oder sind sie von Natur aus tollkühn, frech, übermütig? Unabhängig, sogar

von den Träumenden? Schäumende Wellen, Gewitterwolken, unberechenbares Aprilwetter ...
Meine Nachbarin stand auf, offenbar wollte sie so bald wie möglich das Schiff verlassen, die nächste Anlegestelle war in Sichtweite, zum Abschied sog ich den betörenden Fliederduft noch einmal ein ... Mit geschlossenen Augen nahm ich alle Lilamoleküle in mich auf, wurde lilatrunken, durch alle Poren meines Wesens drang Fliederduft ein, eine Wohltat, aber nur, bis ich den nächsten Zettel las:

"Reißen wir keine Blumen aus, denn ausgerissen
Sind sie nicht unser, sondern tot."

Ein gewisser Ricardo Reis hatte dieser fliederfarbenen Wohltat den Garaus gemacht. Ich schämte mich wegen meiner Morbidität, denn was mich vorhin in Hochstimmung versetzt hatte, war nach Auffassung Ricardo Reis´ schlicht ein Leichengeruch ... Komischerweise fühlte ich mich wohl in meiner Scham, war sogar stolz darauf, fiel mir doch Karl Marx ein, der uns zu Scham auffordert, denn sie sei ein revolutionäres Gefühl ... Auf meinen Haaren spürte ich die ersten Regentropfen, und ein Tintenfleck entstand um die Buchstaben des zweiten Zeilenanfangs. Schnell packte ich alles ein, stieg bei der nächsten Anlegestelle aus. Die Tropfen spürte ich auf meine Schultern niederprasseln, der Regen lief mir schon die Haare hinab ... Bis ich zu Hause ankam, waren mein revolutionäres Schamgefühl und meine Kleider durchweicht. Ich lief ins Badezimmer, wie eine Drogensüchtige sich heimlich im Klo Heroin spritzt, hatte ich die letzten mir anvertrauten Zettel, Zeilen von Bernardo Soares, hinter verriegelten Türen im Badezimmer gelesen, auf der Kante der Badewanne sitzend, ohne einen trockenen Faden am Leib:

"Reisen? Existieren ist reisen genug. (...) Die Reisen sind die Reisenden. Was wir sehen, ist nicht, was wir sehen, sondern das, was wir sind".

"Nie eine Haremsdame gewesen zu sein! Wie leid tut es mir, dass mir das nie widerfahren ist."

Als ich diese Zeilen las, musste ich mein Kichern unterdrücken, kaum bist du am Bosporus, denkst du also gleich an Haremsdamen und bedauerst sogar, keine dieser wohlriechenden, juwelenbeschmückten, listenreichen Schönheiten gewesen zu sein ... wahrlich Senhor Pessoa, du machst es mir nicht leicht, dich zu verstehen ... Zunächst die verschiedenen Namen, mit denen du deine Aufzeichnungen unterschreibst, dann die Haremsdame, die noch gefehlt hat ...

"Um verstehen zu können, habe ich mich zerstört. Verstehen heißt das Lieben vergessen."

Mit einem Satz, mit dem Hauch eines einzigen Satzes wirbeltest du etwas auf, das im Urgrund meines sechzehnjährigen Lebens verborgen lag ...

"Ich habe es stets abgelehnt, verstanden zu werden. Verstanden werden heißt sich prostituieren."
Ich weiß nicht, wie lange ich dort blieb, tropfnass, auf der Kante der Badewanne, mit deinen Aufzeichnungen, die Arme schlaff herabhängend, betäubt vor Verwirrung ...

Ich habe nie darüber gesprochen. Niemandem habe ich von diesen Begegnungen erzählt. Niemandem. Daher hätte ich alles beinahe unwiderruflich vergessen. Wem hätte ich denn erzählen können?

Meinen Eltern? Dass ich die Schule - chronisch - schwänze und zufällig Fernando Pessoa treffe ... Meinen Freundinnen? Die Wichtigeres zu bewältigen hatten wie zum Beispiel illegale Liebschaften oder politische Aktivitäten, meinem Freund etwa? Der mich für eine Wahnsinnige mit einem gewissen Hang zur Normalität hielt ... Meinen weltoffenen Lehrern, die mir Fantasie in verschwenderischer Fülle attestierten? Wem denn, wenn ich es nicht einmal mir erzählen konnte, ohne die Hiebe des hoheitlichen Verstandes, seine Sticheleien und Vorwürfe in Kauf zu nehmen ... Ich habe so lange geschwiegen, habe es so lange verschwiegen, bis ich es auch nicht mehr so recht wusste, ob ich ihn tatsächlich getroffen oder nur davon geträumt hatte. Zum Glück hatte ich aber die Zettel aufgehoben, die vergilbten unlinierten Papiere mit seiner schönen, geschwungenen Handschrift, mit dem verblichenen Tintenfleck ... Sie haben sogar all meine Übersiedlungen, all meine Reisen von Stadt zu Stadt, von Insel zu Insel, von Kontinent zu Kontinent überlebt, in einem blauen Umschlag, später in einer Perlmuttschachtel, in der ich alte Bilder, Liebes- und Hassbriefe, Seesterne, Muscheln und Postkarten aufhebe.

Wahrscheinlich hätte ich zur vollen Zufriedenheit meines Verstandes meine Begegnungen mit Fernando Pessoa ganz und gar vergessen, wäre ich letzten Sommer nicht nach Lissabon geflogen. Da seine Diktatur dadurch ins Wanken geriet, wird mir mein Verstand diese, wenn auch rein zufällige, trotz meiner Hitzephobie getroffene Reiseentscheidung wohl kaum verzeihen.

Eines Vormittags spazierte ich nach einem guten Kaffee und dem köstlichen portugiesischen Sahnetörtchen entlang des Tejoufers. Die Luft fühlte sich seiden an. Welch einzigartig mildes Licht ... es war zwar sehr hell, sehr strahlend aber nicht grell, ein warmer Farbstrahl schwang mit und umgab die Stadt mit einer sanften

Hülle. Tejos Blau, soweit das Auge reichte, lachte mich an, stellenweise kräuselte sich das Wasser, um sich bald wieder zu beruhigen. Ein wohltuender Wind strich durch meine Haare und besänftigte meine Angst vor der angekündigten Hitze. Als ich die große Brücke sah, die Lissabon mit Alcochete verbindet, sagte ich erheitert "Die Bosporusbrücke", sofort korrigierte mich mein Verstand, dies hier ist die über 17 km lange Brücke Vasco da Gama, die 1998 eingeweiht wurde und klärte mich auf über die zweite Brücke, die viel älter war. Seltsamerweise unterließ er es, mich der Idiotie zu bezichtigen. Hatte das portugiesische Wohlwollen auch ihn angesteckt, ihm atlantische Milde eingehaucht? Als ich hinter mir die Möwen lachen hörte - die Klänge meiner Kindheit - , drehte ich mich um, noch nie konnte ich ihrem Ruf widerstehen; sie hoben ihre edlen Schwingen empor, feuchtweiß pendelten sie zwischen dem Festen, dem Flüssigen und dem Luftigen ... Sehnsucht quoll in mir auf; Wie leid es mir tat, ihre schönen Schnäbel und die sonnengelben Augen nie geküsst zu haben ... Gut, Ponte Vasco da Gama ist nicht die Bosporusbrücke, aber Möwen sind Möwen, überall auf der Welt! Keine voreiligen Schlüsse ziehen, denn Zoologen sind wir keine, lautete sein wertneutraler Kommentar, aber ein Unterton des Bedauerns klang mit ... Wahrlich, die verfressenen, molligen Istanbuler Möwen durfte ich nicht ohne weiteres mit diesen zierlichen Vögeln gleichsetzen ... Der Verkaufsstand in der Nähe lockte mit allerlei schönen Kleinigkeiten: Postkarten, Spieldosen, bunte Töpferwaren, Schlüsselanhänger mit dem Foto vom Prachtkerl Ronaldo, Abbildungen der maurischen Alfama auf Kacheln, Bilder von berühmten Fadosängerinnen, und ein Schwarzweißfoto, von dem ich meine Augen nicht abwenden konnte. Es war, als hätte ich mitten in einem fremden Land einen verstorben geglaubten Angehörigen getroffen.
Der Verkäufer reichte mir das Bild. "Kennen Sie ihn? Kennen Sie Ihn?" fragte er mehrmals, "Fernando Pessoa, der berühmte Dichter

Portugals ..." Bewegungslos glotzte ich ihn an. Meinen verdatterten Gesichtsausdruck dürfte er als Zeichen meiner völligen Ignoranz aufgefasst haben; so erzählte er mir, von wann bis wann der Dichter gelebt, wie viele Pseudonyme er benutzt, dass er so und so viel geschrieben, aber zu Lebzeiten kaum etwas veröffentlicht hatte. Nach seinem Tode wurden in seinem Zimmer 30 000 Manuskriptseiten gefunden, "Stellen Sie sich das vor, ganze 30 000 Seiten", die er in einer Truhe aufbewahrt hatte. Er gab mir Hinweise, wie ich zu welcher Buchhandlung gelangen könnte, welche Werke ich erstehen sollte und verkaufte mir neun Postkarten, einen Stadtplan, eine Spieldose und das Schwarzweißfoto von Pessoa. Zuerst spürte ich nur Verwirrung, dann das Aufflackern einer Erinnerung, dann Freude ... Schritt für Schritt befreite sich die Erinnerung aus den Fängen des Vergessens. Ich schüttelte den Kopf, lachte vor mich hin. Dann war ich wieder verwirrt, erstaunt, Zweifel kamen auf, aber auch weitere Erinnerungen, die ich nicht zurückweisen konnte. Und wo waren sie so lange? In mir? Ja, wo denn sonst? Aber wie? Als Ahnungen, als Schatten in zwielichtigen Gedächtnislücken? Ich merkte, dass mich meine Füße ins Chiado geführt hatten, offenbar wie die Füße aller Touristen ... Cafés, Geschäfte ... Die Mittagshitze, sengend, war schon angebrochen. Einen weiteren Fußmarsch konnte ich mir wirklich nicht zumuten. Ich entschied mich für die hübsche Esplanade vor dem Café Brasileira. Wasser und Espresso würden mich wieder beleben. Während des Gehens hatte ich schon einen gewissen Frieden mit mir geschlossen, vielleicht aus Not, unter dem Einfluss der steigenden Hitze ... Die verwirrenden Botschaften in meinem Inneren versuchte ich nicht mehr zu entwirren. Gut, sagte ich, es ist also durchaus möglich, dass ich zur gleichen Zeit Gegensätzliches fühle, Gegensätzliches denke, gut, was ist denn so schlimm daran? Ist Grün nicht die Mischung aus dem frostigen Blau und dem warmen Gelb? Entsteht Violett nicht durch das Zusammentreffen von glühendem

Rot mit kühlem Dunkelblau? Fühlt sich das Violett etwa gestört? Fühlt sich das Grün verwirrt? Sind sie besorgt, bekümmert? Wollen sie sich eines ihrer Farbstrahlen entledigen, um auf eine einzige Grundfarbe zu schrumpfen? Nimm dir ein Vorbild an den Farben, sagte ich mir, nimm dir ein Vorbild! Oder wenn es dir leichter fällt, sei eine Mischerin!

Als ich mich bei dem Kellner bedankte, sah ich zunächst aus dem Augenwinkel, dann ganz direkt, dass ein paar Tische weiter eine bronzene Statue in der prallen Sonne stand. "Senhor Pessoa schwitzt wieder" sagte der kecke Kellner und zwinkerte mir zu. Wie Scheibenwischer gingen meine Augen zwischen der Statue und dem Kellner hin und her. Es war zu viel des Guten, die unerträgliche Verwirrung konnte ich nicht mehr zügeln und wurde von einem Lachanfall geschüttelt. Stolz auf seinen Witz ging der Kellner zum nächsten Tisch. Mir fiel ein, was Àlvaro einst gesagt hatte:

"Komm morgen wieder, Wirklichkeit!
Für heute reicht es, Leute!"

Die sengende Hitze setzte mir - welch miserable Südländerin - ordentlich zu, und dir erst recht, saßt da ohne Sonnenschirm, in Bronze gegossen, halbnackte Touristen betasteten, umarmten dich und ließen sich fotografieren, nette Urlaubsphotos mit der Statue von Fernando Pessoa in seinem Lieblingscafé, Gören schleckten an ihrem dahinschmelzenden Eis und begrapschten dich mit der freien Hand … Gänsehaut trotz 38 Grad im Schatten, lasst ihn doch in Ruhe, brüllte es in mir, gafft ihn nicht an, hört endlich auf mir der Belästigung, er kann sich nicht wehren, am liebsten hätte ich sie verscheucht wie einen Mückenschwarm … Vielleicht war ich auch eine Spur neidisch auf sie, wer weiß? Die Wege des Unbewussten sind unergründlich, ja, weil sie konnten, was ich nie gekonnt hätte, ich hätte nicht einmal deine schweißbedeckte bronzene Stirn abzuwischen vermocht, aus Angst, dir zu nahe zu treten, dein Vermächtnis zu verraten ... Neid hin, Selbstbezichtigung her, diese offenkundige Rüpelei gemeinsam mit der gewaltigen Hitze sägte an meinen Nerven ... Welche Ironie des Schicksals, dir zu Ehren macht man eine Statue, platziert sie dort, wo du gerne warst, aber wenn man dich danach gefragt hätte, hättest du dich mit Händen und Füßen dagegen gewehrt, ausgestellt zu werden, den begierigen Blicken der Leute, ihrem Betasten und ihrem Schweißgeruch ausgesetzt, mit ihnen - sei es auch nur - auf einem Photo zusammen zu sein ... Am Liebsten hätte ich diesen taktlosen Leuten eine geschmiert ... Eine? Mehrere, rechts und links und links und rechts ... Gerne, liebend gerne wäre ich ihnen an die Gurgel gesprungen. Was hatte Álvaro de Campos gesagt? *"Irgendwann werfe ich eine Bombe aufs Schicksal"*. Irgendwann? Nein, nicht irgendwann, jetzt!

Wie gern hätte ich deinen Rat befolgt, den Álvaros Stimme mir zuflüsterte:

"Ach, hau dem Leben eins in die Fresse!
Befrei dich lautstark im Frieden mit dir selbst!"

Mir fehlte der Mut, statt dessen juckte es mich elendiglich, ich kratzte mich auf meinem Oberkörper, Sonnenallergie vielleicht? Warum nicht? Bei einer missratenen Südländerin durchaus möglich ... Oder schäumende Wut? Ebenfalls möglich ... immerhin ist der Körper ein Simultanübersetzer unliebsamer Gefühlswallungen ... Anstandshalber wollte ich doch mein Temperament bändigen und meine schrecklichen Gedanken an Gewalt loswerden, aber wie? Álvaro verriet mir eine Möglichkeit:

"Senhora Gertrudes!
Sie haben dieses Zimmer schlecht geputzt:
Wischen Sie mir diese Gedanken beiseite!"

Ich kniff die Augen zusammen, aber so sehr ich mich auch be-
mühte, konnte ich weit und breit keine Senhora Gertrudes finden.

Seitdem ich Portugal verlassen habe, vermisse ich die atlantische
Milde, die meinen Verstand eine Weile besänftigt hatte. Je mehr
Erinnerungen auftauchen, je mehr ich ihnen als Teil meines Lebens gewahr werde, umso erbarmungsloser werden die Angriffe
des Verstandes. Muss das sein? Muss ich einen Krieg führen?
Sieg, Niederlage, Recht, Unrecht ... was für unliebsame Wörter
... " *Ich habe die Orange in zwei Teile zerschnitten - und sie sind*
nicht gleich ausgefallen. Zu welchem Teil war ich ungerecht - ich,
der sie beide verzehren wird? " schreibt Pessoa mit der Unterschrift Alberto Caeiros.

Das Lieblingswort meines kampflustigen Verstandes lautet "unmöglich". Er bezichtigt mich, gelinde gesagt, der Täuschung. Aber
wenn ich beharrlich bleibe, wirft er mir vor, zu lügen oder die Re-
alität völlig aus den Augen zu verlieren. Er fordert mich auf, mit
ihm gemeinsame Sache zu machen, die verbliebenen Tassen im
Schrank zu zählen und zur Vernunft zu kommen. "Sei doch realis-
tisch!", sagt er, aber sein schlammgraues Angebot lehne ich ab. Er
wirft mir vor, dass ich im Unrecht bin. Na und? Mit Àlvaros
Stimme sagt mir Pessoa ins Ohr:

"Ja, ich habe unrecht ...
Laß mich Abstand nehmen von der geistigen Beweisführung.
Ich habe unrecht, ja und? ein Recht wie jedes andere ..."

Mein Verstand fährt fort mit seinen Angriffen; ohne Unterlass schiebt er mir staubtrockene Daten unter die Nase, die allesamt nach Mottenkugeln riechen. Stolz zeigt er mir seine unwiderlegbaren Belege. Wenn ich mich querstelle, wiederholt er stolz seine Einwände. *"Wir würden nicht stolz sein, wenn wir begreifen würden, dass er eine Schnur ist, an der man uns zieht"*, murmelt Bernardo Soares. Was ist Stolz? Vielleicht ist er nur eine Gebärde der Angst. Offenbar hat mein Verstand große Angst davor, dass ich ihn noch in den Wahnsinn treibe. Aber wozu? Wozu diese Riesenangst? Aus Solidarität mit Hinz und Kunz? Was hätte Álvaro gesagt?

"Wenn ihr die Wahrheit gepachtet habt, dann behaltet sie!
(...)
Doch laßt es gut sein so wie ich bin!
Geht ohne mich zum Teufel,
Oder laßt mich allein zum Teufel gehen!
Zusammen, wozu?"

Wahnsinn ist auch nur ein Sinn, den wir in einem fieberhaften, leidenschaftlichen, ja wahnhaften Zustand erkennen. Eine Erkenntnis also, nur eine wilde Erkenntnis ... Keine Sorge, nicht die Wahrheit, nur die allgemeinen Wahrheitsvermutungen bleiben auf der Strecke. Der Verstand schreit auf, setzt zur Gegenwehr an, seine Hiebe, die Säbelhiebe, halten mich nicht davon ab, Àlvaro zuzuhören:

"Nur keine Sorge: auch ich bin im Besitz der Wahrheit.
Ich zieh sie aus der Hosentasche wie ein Zauberkünstler.
Auch ich gehöre dazu ..."

So lange ich Pessoa auf meiner Seite habe, bin ich nicht allein, er umarmt mich auch ohne Berührung, mit seiner Hilfe werde ich nie zum Opfer des Verstandes. Bernardo Soares kennt meine Notlage: *"Die Unmöglichkeit, etwas zu fühlen, das Herz war gebrochen vom Verstand, verworren die Gefühle ..."* Pessoa greift ein, wenn Gefahr in Verzug ist. Er spricht zu mir mit verschiedenen Stimmen. Wenn ich seine Stimme nicht höre, lausche ich seiner Stille. Wenn die Stille schweigt, sehe ich, wie er sich schüchtern an meinen Tisch setzt. Wenn ich ihn nicht sehe, kann ich seinen feinen Tabakduft riechen und weiß, dass er da ist. Wer ist er? Ein Held? Aber nein, ein Held ist er nicht. Auch kein Antiheld. Er ist einfach nur er mit 1001 Brechungen, mit 1001 Schatten und Strahlen. Ein Mensch ... *"Jeder von uns ist mehrere, ist viele, ist ein Übermaß an Selbsten"* so wie Bernardo Soares anmerkt ... Er, mit so vielen Namen, Er, Fernando Pessoa mit seinen 1001 Gesichtern, 1001 Farben, 1001 Stimmen, eine pulsierende Seele eben ... wie Istanbul, wie Lissabon wie das Leben.

Literaturnachweis

Alle kursivgedruckten Passagen sind Texte von Fernando Pessoa, die aus den folgenden Werkausgaben zitiert wurden:

Álvaro de Campos, Poesie. Aus dem Portugiesischen übersetzt von Inés Koebel, Zürich 2007, Ammann Verlag & Co.

Álvaro de Campos, Gedichte. Aus dem Portugiesischen übersetzt von Georg Rudolf Lind, Frankfurt am Main, 1991, Fischer Taschenbuch Verlag

Wenn das Herz denken könnte. Sätze, Reflexionen, Verse und Prosastücke, Zürich 2006, Ammann Verlag & Co.

Das Buch der Unruhe des Hilfsbuchhalters Bernardo Soares. Aus dem Portugiesischen übersetzt von Georg Rudolf Lind, Frankfurt am Main, 1992, Fischer Taschenbuch Verlag

Eine Winterreise

Zwei Kilo Nudeln gemischt mit drei Dosen Whiskas, ein Säckchen Trockenfutter, genügend Zeitungspapier ... Ich beeile mich, damit ich mit meinem Bruder losfahren kann, sonst habe ich keine Chance, das Schiff zu erreichen ... Er, der vielversprechende Jungunternehmer unserer Familie, schaut mich herausfordernd an: "Nur nichts überstürzen! Die ganze Welt kann ruhig auf dich warten!" Was wirft er mir vor? Dass ich - in Herrgottsfrühe und obendrein während der Schulferien - verschlafen bin, dass ich mich trotzdem beeile, wenn auch auf unheilvolle Weise? Schnell noch den Mantel, aber wo habe ich ihn ... Er wirft mir einen genervten Blick zu: „Könnten wir jetzt losfahren? Wäre das endlich möglich?" Unwirsch deutet er auf meinen abseits liegenden Mantel. Möglich, unmöglich, mein Gott ... Manchmal ist das Mögliche eben unmöglich, und das Unmögliche ... Schwungvoll schlüpfe ich in meinen Mantel. Frostige Morgenluft, Schneeregen ... Die Nachbarin, Lederjacke, Minirock, Stiefeletten, begrüßt uns mit ihren Chanelroten Lippen, charmant grüßen wir zurück und fahren los ... Der Rhythmus der Scheibenwischer wirkt hypnotisierend, ich werde wieder schläfrig ... Meinetwegen muss er einen Umweg machen, eine Konsequenz seiner schier unverwüstlichen Güte ... Stau ... Sein Handy läutet, wie schafft er es bloß? Gleichzeitig zu telefonieren, Anweisungen durchzugeben, sich auf den Verkehr zu konzentrieren und meine unschuldigen Futtersäckchen, die im geheizten Auto keine besonderen Wohlgerüche ausströmen, verächtlich anzuschauen ... Hektische Betriebsamkeit auf den Straßen ... hochbeschäftigte Leute in Autos, angespannte Gesichter in Bussen, alle telefonieren ... Auf der europäischen Seite der Stadt ist der Verkehr um die Zeit noch viel schlimmer ... Meine Mütze habe ich daheim liegen lassen... los, wir fahren wieder ... und schnell wie Rennfahrer ... auch die Fußgänger telefonieren, während sie geh... Zwei Frauen gehen Arm in Arm, aber telefonieren tut jede für sich allein ... die Handschuhe habe ich ebenfalls liegen lass... Hupkonzerte in aller Frühe ... Wir sausen an riesigen Reklameschildern, an einem berühmten Supermarkt, an Verkehrsampeln vorbei ... " Rot, schnell, kannst aussteigen!" Er nörgelt noch, während ich die Autotür zuschlage "mitten im Winter auf die gottverlassene ..." Meine Dankbarkeit meldet sich nicht zu Wort ... Fährt er mich, seine einzige und blutjunge Schwester, etwa nach Atlantis? Höchstpersönlich? Auf Händen tragend? Wichtigtuer! Noch letztes Jahr ein gegen alles protestierender Student, jetzt ein ehrgeiziger Yuppie in lässigem Anzug, schnell, hoch hinauf auf die Karriereleiter... Selbst auf dem Gipfel Kilimandscharos wirst du nicht größer sein als deine 1 Meter 79 ... Du Verräter! Allmählich werde ich munter ...

Das Schiff, weiß wie eine Möwe, weilt an der Anlegestelle voller Ruhe, als gehörte es nicht zu dieser Stadt. Mit Sack und Pack gehe ich an Bord ... Kein Dutzend Fahrgäste ... Der Schiffsjunge bietet auf einem glänzenden Tablett Tee an, warmer, vertrauter Duft! Wann, wenn nicht jetzt? Am besten schmeckt der Tee während einer Schiffreise ... Ich setze mich hinaus auf die Bank, zünde mir eine Zigarette an, geschickt wie eine Filmdiva ... aber kalt ist es, feuchtkalt, meine Mütze geht mir ab ... "Mitten im Winter auf die gottverlassene Insel ... Ganz dicht bist du nicht, oder?" Ich nippe an meinem Tee ... Zweifellos habe ich gewisse undichte Stellen ... Undurchlässig bin ich nicht. Gut schmeckt der Tee, köstlich mit einem Hauch Bergamotte ... Das Schiff legt ab, kurzes Tuten, wir gleiten über das silberblaue Wasser ... Ein alter Mann wirft den kreischenden Möwen Brotreste zu, in Scharen begleiten sie das Schiff. Voller zärtlicher Bewunderung zeigt er auf sie und lacht mich mit seinem zahnlosen Mund an. Die Stadt, mittlerweile eine ohrenbetäubende Ausstellungshalle für Mobiltelefone und Autos bleibt hinter uns, die Hupkonzerte, die ansteckende Eile, die zum Zerreißen gespannten Nerven ... Der Alte greift abermals in seine weiße Plastiktüte und wirft den Vögeln Reste von Sesamkringeln zu. Inmitten des Möwengeschreis werden die Umrisse der Inseln klarer. Ich atme auf ... Die Inseln, die Seele, die vertriebene Seele dieser Stadt ... Frische Meeresluft dringt in mich ein, Jod- und Algengeruch, jeder Windstoß bringt Schneeflocken und Salzgeschmack mit. Schüchtern zeigt sich die Wintersonne, welche Ehre an einem grauen Tag, selbst wenn sie nur für wenige Sekunden bleibt. Langsam erreichen wir die erste Insel. Das Schiff legt an. Der alte Mann, ich und ein junges Pärchen steigen aus ... Palmen ... Palmen in der Kälte, Palmen im Schnee, der Nordwind wühlt in ihren Blättern ... sie sehen so verlassen aus ... so fremd ... Was suchen Palmen in der Kälte ... oder was sucht die Kälte bei ihnen ... Das Unmögliche ist manchmal möglich... Die Fensterläden der Häuser sind geschlossen, Cafés und Restaurants ebenso, im Winter wohnen ja nur eine Handvoll Leute hier. Aus allen Richtungen laufen uns Katzen entgegen, gelbe, weiße, schwarze, getigerte ... hungrige Katzen ... Der alte Mann kratzt sich am Nacken, "Für euch habe ich heute nichts mit", sagt er voller Bedauern. Redselig wie ich bin, deute ich auf meine Säckchen und zwinkere ihm zu. Er freut sich wie ein Kind, "Festmahl für die Katzen, was?", sagt er erheitert. Ein Stück des Weges gehen wir gemeinsam. Wo soll ich eine windstille Ecke finden, um das Zeitungspapier auszubreiten und darauf die Whiskaspasta ... Mein erster Versuch schlägt fehl, das Papier hat bei dem Wind keine Chance. Ich hole das Trockenfutter heraus ... Die Katzen laufen mir nach, schnuppern an mir, sie riechen das Futter ... da eine Handvoll und dort, hier ein Bisschen und da auch ... Kommt, meine Hübschen, esst nur! Windstill ist der Seiteneingang eines weißen Holzhauses, dort liegt auch ein Plastiknapf mit Wasser.

Daneben lege ich das Zeitungspapier und leere die Nudeln darauf. Im Nu sind alle Katzen wieder da, kleine, große, einäugige, ungeschickte, streitsüchtige ... auch Raben haben Hunger ... wie lauernde Taschendiebe warten sie auf einen Moment der Unaufmerksamkeit, aber die Katzen essen unbeirrt weiter. Ein Rabe greift den Schweif einer mageren Katze an, während sie sich entsetzt umdreht und sich wehrt, klaut ihr ein anderer Rabe flink die Nudeln, auf und davon! Da hilft kein Fauchen mehr! Das organisierte Verbrechen! Auch die Raben sind Kinder Gottes, lispelt der Alte mit gegen Himmel geöffneten Handflächen. Langsamen Schrittes geht er weiter. Die Raben haben seinen Segen. Im Nebenhaus, in einem der wenigen im Winter bewohnten Häuser, steht eine Frau mit halbgeschlossenen Augen und wallendem Haar am Fenster, sie wiegt ihr Kind in den Armen. Singt sie? Ihre Lippen bewegen sich ... Es dürfte warm sein in ihrer Wohnung, sie trägt eine kurzärmelige Bluse. Ich friere, so ohne Mütze, ohne Handschuhe ... Zwei Hunde, der eine hinkt, beschnüffeln mich hoffnungsvoll, an meinen Händen ist offenbar der Geruch des bescheidenen Festmahls haften geblieben. Trostlos geben sie die Hoffnung auf, sie ziehen jaulend weiter. Der Wind wird heftiger, bei der Kälte werde ich nicht lange hier bleiben. Das nächste Schiff zurück in die Stadt fährt in vierzig Minuten. Am Hafen gehe ich auf und ab, verdammt! Wieso habe ich vergessen, meine Mütze aufzusetzen ... Meine Ohren frieren. Ich gehe zurück zum windstillen Eingang des weißen Hauses, ich kann dem Wunsch nicht widerstehen, eine Spur Wärmegefühl zu erheischen und nachzusehen, ob die Frau noch dort steht, ihr Kind wiegt, ob sie weiter singt. Auf einmal wird es mir warm um den Kopf, auch die Ohren spüren die wohlige Wärme ... Etwas Weiches setzt sich auf meinen Kopf, etwas Weiches, Großes, es tut so gut, ich möchte diesen Augenblick nur genießen, keine einzige Frage, keine Neugier treibt mich zu erfahren, woher das Wärmegefühl kommt. Wie ein Traum fühlt es sich an. Hocherhobenen Hauptes steht die Frau hinter dem Fenster, zieht die Augenbrauen hoch und deutet unaufhörlich auf meinen Kopf ... Also schaue ich hinauf, da... da ist eine Möwe, die gerade ihre Flügel ausbreitet, meinen Kopf verlässt und davonfliegt ... Eine Möwe! Wie gebannt schauen wir uns an, die Frau und ich, erstaunt, meine Augen klammern sich an ihre Augen, Schneeflocken gelangen in meinen Mund. Keine Einbildung, keine Erfindung, kein Märchen ... ich habe eine Zeugin. Eine Möwe spürte meine Not und tat ihr Bestes ... oder sie landete zufällig auf meinem Kopf oder sie war fehlsichtig und hielt mich für einen Felsbrocken, für ein Fischerboot, für ein .... Wie auch immer, Freude steigt in mir auf, Freude und Wärme ... Ich habe eine Zeugin! Gewiss habe ich undichte Stellen, aber außerdem noch eine Möwe auf dem Kopf und eine Zeugin, die ihr Kind wiegt und singt, eine Zeugin mit aufrechter Haltung und wallendem Haar ... Eine sehende Zeugin!

Ohne die zähneknirschende Hilfe meines Bruders hätte ich das Schiff nicht erwischt, wäre jetzt nicht auf der Insel, die Möwe säße nicht auf meinem Kopf und ich hätte keine Zeugin... Meine Dankbarkeit meldet sich zu Wort... Das Unmögliche wird manchmal möglich.

DAS LEIHHAUS DER GEFÜHLE
EIN MÄRCHEN

Es wird einmal…
Oder soll ich sagen, es war einmal?

Es war einmal ein Haus auf einem immergrünen Hang … Viele
Leute gingen ein und aus, kleine, große, alte, junge, prächtig schöne, über Gebühr hässliche, Frauen, Männer, Zwitter … Sie kamen
in Kutschen, zu Fuß oder auf königlichen Pferden, aus den umlie-
genden Orten oder aus weiter blauer Ferne …

Elda, ermutigt von ihrer Nachbarin, durchquerte den Wald, be-
wunderte den im Sonnenlicht hellgrün schimmernden Hang, betrat
den verwilderten Garten und klopfte an die Tür des alten steinernen Hauses … Drei Mal … Ein kleiner bebrillter Mann mit weißen Haaren öffnete die Tür… In welche Abteilung willst du
Weib? Fragte der Empfangsherr … Elda schaute sich verdutzt um.
Willst du ins Leihhaus oder in die Reparaturwerkstatt der Gefühle? Reparieren braucht seine Zeit, dachte sie bei sich, und wer
weiß, ob die Reparatur auch hält … Ins Leihhaus natürlich, sagte
sie selbstbewusst. Immer gerade aus, bis du nimmer kannst … rief
er ihr nach. In der Leihabteilung waren drei Leute; eine Frau, ein
Mann, ein Zwitter … Was begehrt dein Herz? Fragte die stämmige
Frau. Elda schaute sich abermals verdutzt um … Schnell sammelte
sie sich wieder, Spaß, sagte sie an den bevorstehenden Empfang
denkend; Königstöchter, Adelige, heldenhafte Ritter würden
kommen, sie als Gastgeberin sollte vor Freude und Begeisterung
strahlen … sollte, konnte aber nicht, kein bisschen, nicht ein
Stäubchen … Also bestellte sie Spaß. Alle drei sagten im Chor,
der ist uns gerade ausgegangen, wird bald nachgeliefert, komm

nächste Woche wieder! So ein Pech, murmelte Elda vor sich hin … Nächste Woche ist es schon zu spät, also dann … dann nehme ich Begeisterung, Leichtigkeit, Frohsinn … Frau, was willst du nun genau? Fiel ihr der Mann aufbrausend ins Wort … Daraufhin bestellte sie kurzentschlossen Freude. Der Zwitter fühlte sich angesprochen, zog eine der oberen Schubladen, nahm ein an einer durchsichtigen Kette angehängtes winziges Fläschchen heraus … Da drinnen ist die Freude der Tänzerinnen, der Meisterköche, der Delfine und Frühlingsvögel … flüsterte der Zwitter geheimnisvoll. Und was soll ich damit, fragte Elda, sofort austrinken oder mir Tropfen für Tropfen einflössen? Was bildest du dir ein? rief die dralle Frau laut dazwischen, glaubst du etwa, wir sind ein Verkaufsstand auf dem Jahrmarkt? Dies hier ist ein Leihhaus, ein ehrwürdiges Leihhaus mit erlesener Kundschaft. Du wirst es tragen, und zwar da! klopfte sie sich auf die Brust, da! Und du wirst es zurückbringen, unversehrt versteht sich, drohte sie noch mit dem gespreizten Zeigefinger. Die Leihgebühr beträgt drei Golddukaten pro Sonnenuntergang, jetzt aber zahlst du dreiunddreißig, sobald du die Essenz der Freude wohlbehalten zurückbringst, wird dir der Restbetrag zurückerstattet … Mehr oder weniger willig gab Elda dreiunddreißig Goldstücke her, hängte die Kette auf ihre Brust und verließ das Haus …

Nach drei Sonnenuntergängen kam Elda an einem regnerischen Tag wieder in das steinerne Haus auf dem immergrünen Hang. Der Meister der Reparaturwerkstatt, ein überaus beleibter Mann mit strohblondem Haar öffnete ihr die Tür … Der plötzliche Wintereinbruch habe dem alten Empfangsherren schwer zugesetzt, sagte er entschuldigend, daher werde er ihn bis zu seiner Genesung vertreten. Elda, beschwingt und frohgemut, würdigte den fülligen Mann keines Blickes und ging schnurstracks zur Leihabteilung. Das Fläschchen mit der Essenz der Freude wurde nach Strich und Faden von allen Dreien gemustert, für ordnungsgemäß befunden, der Restbetrag zurückerstattet. Als Elda nicht von der Stelle wich, fragten sie im Chor, was begehrt denn dein Herz jetzt? Tränen, sagte sie, ich brauche dringend Tränen, ich muss zu einer Trauerfeier ... Wie viele brauchst du? Viele, sagte Elda. Mühsam bückte sich die wohlgenährte Frau, zog eine Schublade, holte einen Kanister und einen Trichter, füllte damit zwei Schatullen, da, sagte sie, lupenreine Tränen ... Restbestände, zusammengetragen von unseren Großmüttern und Großvätern, von Leiharbeiterinnen und Sklaven, die einen sind bereits tot, die anderen sterben aus, also können wir kaum mit weiteren Lieferungen rechnen. Da aber die Nachfrage nicht groß ist, bleibt der Preis beim Alten. Das schien die rechtschaffene Frau allerdings zu bedrücken. Als sie in ihrer Besorgnis ein Weilchen schwieg, ergriff der Zwitter das Wort; die Leihgebühr beträgt zwei Golddukaten, aber jetzt zahlst du erst einmal zweiundzwanzig, sobald du die Tränen zurückbringst, unversehrt versteht sich, kriegst du deine zwanzig wieder zurück, näselte er kokettierend ... Elda nahm vorsichtig ihre geliehenen Tränen entgegen, zahlte widerspruchslos den genannten Preis und verließ das Haus.

Es vergingen drei Tage und drei Nächte, ehe Elda an einem feuchtkalten Nachmittag, umhüllt in einem schwarzen Umhang, wiederkam. Der überaus höfliche alte Empfangsherr wies ihr erneut den Weg ... Immer geradeaus Weib, bis du nimmer kannst ... In der Leihabteilung nahm die rüstige Frau die Schatullen genau unter die Lupe, rein sind sie nimmer, meiner Kundschaft kann ich das nicht zumuten, Schminke, Hautreste ... Da, nimm sie wieder, heb sie auf, für das nächste Mal, sprach die Frau gelangweilt. Da du sie nicht lupenrein zurückgebracht hast, musst du den vollen Preis zahlen, zwitscherte der Zwitter. Elda ließ sich ihre Wut nicht anmerken. Schließlich brauchte sie noch etwas. Sie richtete sich selbstbewusst auf, schaute die drei reizenden Gestalten der Reihe nach an, Leidenschaft, sagte sie, ich brauche Leidenschaft, im Doppelpack. Prompt griffen alle Drei nach den roten Regalen hinter ihnen, stellten in geflochtenen Körben aufbewahrte, lichtundurchlässige Krüge auf den Ladentisch. Als sie die Deckel öffneten, roch es nach Amber, Moschus, Mairosen und anderen unbekannten Duftnoten. Jeder benutzte eine eigene Pipette und gemeinsam füllten sie zwei kleine Flakons zu gleichen Teilen. Elda bemerkte, wie die Augen der drei Gestalten einen seltsam feuchten Glanz bekamen. Einmal täglich daran riechen, mit beiden Nasenlöchern, in schweren Fällen zwei Mal täglich, verstanden? Nicht mehr! verordnete der Mann in strengem Ton. Um Himmels Willen, nicht mehr! kicherte der Zwitter. Neugierig wie sie war, wollte Elda sofort daran schnuppern ... Hüte dich davor, Weib, hüte dich! befahl die Stämmige. Erst wenn du das Haus verlassen hast, erst dann darfst du ´s, donnerte sie weiter. Zweihundertzweiundzwanzig Golddukaten, her damit! verfügte sie erbarmungslos. Wie denn das? Das ist ja Wucher! schrie Elda unbeherrscht ... Wie einen Kirschbaum wollt ihr mich leerplündern, ging es ihr durch den Kopf. Wenn du erst einmal die Wirkung spürst, wirst du `s aber nicht bereuen, prophezeite der Zwitter anschmiegsam, außerdem kriegst du deine Goldschätze bis auf die geringfügige Grundgebühr ja zurück, falls ... falls du die Leihgabe unversehrt zurückbringst. Es dauerte eine Weile, bis Elda, wenn auch zähneknirschend alle zweihundertzweiundzwanzig Dukaten auf den Tresen legte. Der Dritte im Bunde zog seine Augenbrauen hoch und verlautbarte sein weises Urteil; Noch nie was von Gerechtigkeit gehört, meine Gnädigste? Die Gefühle der Anderen, die Leidenschaft der Anderen haben eben ihren Preis ... Wahrlich, ein begnadeter Kanzelredner, dieser Windbeutel, dachte Elda bei sich, als würde er mir etwas schenken, aus reiner Gnade ... Sie schüttelte den Kopf samt der glänzenden Löwenmähne, denn ein altes

Sprichwort fiel ihr ein: Predigt der Fuchs, gib auf deine Hühner acht … Kaum hatte sie die Leihabteilung verlassen, öffnete sie den einen Flakon, roch daran, mit beiden Nasenlöchern, wie ihr aufgetragen wurde, roch noch einmal daran und noch einmal, Tränen stiegen ihr in die Augen, ihre eigenen, keine entlehnten. Plötzlich merkte sie, dass eine Gruppe von Menschen mit Sack und Pack aus der Reparaturwerkstatt kam. Einer hielt Klangschalen in der Hand, ein anderer eine Trommel, einige trugen bunte Matten unter dem Arm, der massige Meister mit strohblondem Haar hob gerade zwei Delfinstatuen hoch. Wer seid ihr, wenn ich fragen darf, was macht ihr? bat Elda um Aufschluss. Wir sind die Arbeitslosen von der Reparaturwerkstatt, sagten sie im Chor. Die Werkstatt schließt … mangels Nachfrage, seufzte der Dicke mit den Statuen. Allmählich wurde die Kundschaft spärlich, woraufhin wir auch nicht mehr genug üben konnten, um die noch verbliebene Restkundschaft zufrieden zu stellen, piepste ein junger Mann mit granatrotem Haar. Den Grossteil unserer Stammkunden haben wir an das Leihhaus verloren, schmollte die bezaubernde Frau mit himmelblauen Matten unter dem Arm. Drüben läuft es eben schnell und mühelos, dröhnte der kleinwüchsige Trommler beleidigt … Welch trostloser Anblick, welch trübsinniger Haufen, befand Elda im Stillen und wollte sich auf den Weg machen, aber genau in diesem Augenblick nahm sie wahr, wie die Delfine des Dicken ihr zuzwinkerten. War das ein Zeichen? War es die Wirkung der zweihundertzweiundzwanzig Golddukaten? Hitze stieg in ihr auf, wie ein goldener Strahl… Hitze unbekannten Ausmaßes … Sie, die Delfine, die Statuen zwinkerten ihr abermals zu… Bitte, nach Ihnen, sagte der Dicke und hielt Elda die Tür auf … Der zartbesaitete alte Empfangsherr beobachtete mit offenem Munde diese ihm völlig unbekannte Geste und lispelte vor sich hin; Vergelte es Gott! Niemand wusste, ob dies ein Segenswunsch oder ein Fluch war… Elda und der füllige Mann gingen gemeinsam den immergrünen Hang hinunter. Allmählich dunkelte es, der kalte Wind raschelte in den Bäumen. Als sie an den Waldrand kamen, schaute Elda mit glühenden Augen den Mann an ... Begleiten Sie mich! Mit zum Himmel emporgehobenen Blicken dachte er nach; obgleich er allein aus Höflichkeit ihre befehlende Bitte nicht abschlagen würde - zuvor hätte er ihr doch beinahe angeboten, ein Stückchen des Weges gemeinsam zu gehen - haderte er nun aus unerklärlichen Gründen mit sich selbst. Elda witterte seine Unentschlossenheit, holte sofort die Flakons aus ihrer Tasche, entfernte ruckzuck die Stöpsel, steckte sie geschwind in seine Nase, ein Flakon pro Nasenloch. Wie gut es riecht, oder nicht? sagte sie inbrünstig, oder nicht? Er wusste nicht, wie ihm geschah, als sie die Flakons wieder einpackte. Komm mein Lämmchen, sagte sie, komm mein Bock, komm mein Stier, und stieß ihn in den dunklen Wald hinein, riss ihm die Kleider vom Leibe, packte ihn am strohblonden Schopfe und vernaschte ihn ... Die ersten Schneeflocken fielen, als Elda ihren Umhang anzog, die Kapuze aufsetzte und den ohnmächtigen Mann neben seinen Delfinstatuen liegen ließ, allein, mutterseelenallein und nackt, splitternackt ...

Es vergingen drei Tage und drei Nächte, der Schnee bedeckte das ganze Land. Alles wurde weiß; Häuser, Wiesen, Wälder, Berge, Täler, Bäume, sogar die blaue Ferne schimmerte nun in glitzerndem Weiß. Nur der immergrüne Hang blieb grün. Eine Kutsche hielt vor dem steinernen Leihhaus der Gefühle. Ein Edelmann in feinem Pelz, hochgewachsen und prächtig fesch, makellos fast, wäre da nicht die gebückte Haltung, stieg bedächtig aus, klopfte an der Türe, bat um Einlass. Da die Reparaturwerkstatt bereits aufgelöst war, fragte der Empfangsherr den Edelmann nicht nach dem Ort seines Begehrens, sondern gab ihm mehr oder weniger die üblichen Anweisungen zur Orientierung. Sobald er die Leihabteilung betrat, durchschaute er augenblicklich alles; Ihr also seid

die Quacksalber, die Schwindler, die fluchwürdigen Betrüger ...
Die Unerschütterliche stemmte die Fäuste auf die Hüften, hier hat
dein Pelz nicht das Sagen! Mach mal halblang! donnerte sie, für
Zanklustige haben wir kein Mittel ... Der Zwitter musterte ihn
aufmerksam, während der selbstlose Mann im Bunde dem wüten-
den Besucher seine Hilfe anbot; wie können wir dir helfen? Was
begehrt dein Herz? Gänsehaut, Igelfrisur, die Kopf- und Körper-
haare des Edelmannes standen zu Berge, was heißt hier Herz? Was
heißt hier Hilfe? Was habt ihr gemacht aus meinem Weibe? Ihr
Heuchler, ihr Pfuscher! Sie war eiskalt wie ein Fisch aus dem zu-
gefrorenen See, ehe sie herkam zu euch, jetzt verbrennt sie mit ihrem Strahl alle ... Ich, ehemals ein ehrwürdiger Mann, bin zum
zermähten Frosch geworden, nicht genug damit, sie macht die
ganze Sippschaft und Nachbarschaft zum Opfer ihrer Gelüste ...
Ich klage euch an, verdammt! Mit der ganzen Wucht meines Wesens klage ich euch an ... Die unbeirrbare Dame des Leihhauses
hatte den Mund auf dem rechten Fleck; Du bläst dich ja auf wie
ein Frosch, so, deine Wucht, du Froschschenkel, hebst lieber für
dein Süppchen auf, dass es nicht salz- und schmalzlos ist! Sein
Gesicht war von einer unverkennbar edlen Blässe, als er verdattert
aber vornehm um sich schaute ... Daraufhin meldete sich der ge-
wissenhafte Wohltäter zu Worte, denn nichts weniger als das
Wohlergehen eines möglichen Kunden stand auf dem Spiel; Für
alles gibt es eine Lösung, eine zufriedenstellende, wohlgemerkt ...
was braucht der Herr? Was können wir anbieten? Milde klang seine Stimme, trostspendend. Aber die Verzweiflung setzte der ge-
bückten Haltung des Edelmannes noch mehr zu; nicht ich, doch
nicht ich, mein Weib braucht ein Gegenmittel, ein Gegengift...
Die Hoffnung möchten wir Ihnen bei Gott nicht vergällen, aber
Abwesenden können wir nicht helfen, nur Anwesenden, schmun-
zelte der Zwitter mit leuchtenden Augen ... Die Frage ist, was Sie,
Sie selbst brauchen, fügte er ohne Umschweife hinzu, was Sie und

nur Sie wirklich brauchen. Er bekräftigte den Wahrheitsgehalt seiner Aussage durch mehrmaliges Nicken, die anderen Zwei im Bunde taten dasselbe. Ich werde hier noch meine Verstandeskraft einbüßen, dachte sich der Edelmann und seufzte tief, dass ich hier meinen Stolz und meine Erhabenheit einbüße, scheint bei niemandem Anstoß zu erregen, aber was, was brauche ich wirklich? Geduld, schrie er heraus, und bewies Sinnesschärfe, ich brauche viel Geduld. Die Drei schauten sich an, sie nickten verständnisvoll aber voller Bedauern, dann schwang der Mann sein Wort; viel können wir nicht, ein wenig nur ... Viel Geduld entwickelt eine Sprengkraft sonderbaren Ausmaßes, dann knallt es gewaltig, Innen oder Außen, manchmal sogar Außen und Innen, das wollen wir Ihnen ersparen, einer derartigen Gefahr dürfen wir Sie nicht aussetzen, sagte er besorgt um die vielversprechende Kundschaft, ein wenig, wirklich nur eine Prise Geduld können wir Ihnen gerne zur Verfügung stellen. Aber ein wenig Geduld hilft mir nicht weiter, sagte der Edelmann enttäuscht, ich brauche viel Geduld und Gelassenheit, ja, das ist es, Geduld und Gelassenheit! Eine derartige Mixtur ist ganz und gar unmöglich, mein Herr, lässt sich denn Milch mit Essig mischen, kann sich denn ein Wal mit einem Zicklein paaren? Geduld und Gelassenheit sind ganz und gar von entgegengesetzter Beschaffenheit, gehören völlig unterschiedlichen Gefühlsrassen an. Mischen können wir nicht, jedoch können wir Ihnen gerne reine Gelassenheit zur Verfügung stellen, als Leihgabe ... Da hatte der Edelmann einen Geistesblitz, aber Gelassenheit, wie lange hält denn die geliehene Gelassenheit? Zwei Tage? Drei Tage? So schnell wird Elda nicht zur Besinnung kommen. Was mache ich dann? Ein wenig Geduld hilft nicht, Gelassenheit hält nicht ... Da hatte er einen weiteren folgenschweren Geistesblitz; ich brauche Gottvertrauen, Gelassenheit nämlich ohne Gottvertrauen hält nicht ... Gottvertrauen können wir allerdings nicht zur Verfügung stellen, auch nicht als Leihgabe, sagten sie im

Chor, denn sie duldeten keine anderen Götter neben sich ... Aber uns kannst du vertrauen, sagte die rüstige Frau im mütterlichen Ton, wenn du willst, versteht sich, nur wenn du willst ... Hatte sie also nicht nur den Mund, sondern auch das Mutterherz auf dem rechten Fleck?

Er wusste nicht recht, er dachte nach, haderte mit sich und der Welt, grübelte und grübelte, alles Drehen und Wenden half nicht, er sammelte seine Gedanken, zog alle Möglichkeiten in Betracht, er wog ab, gramgebeugt ging er mit sich zu Rate, zog Schlüsse, gab verzweifelt auf, fing erneut an nachzusinnen, Stirnfalten, Zornesfalten, mal verbittert mal hoffnungsvoll dachte er nach.

Und wenn er nicht gestorben ist, grübelt er heute noch Tag und Nacht.

Elda hingegen brannte durch mit der geliehenen Leidenschaft.

TANTE ROSALINDA

"Fernesein ist nur ein Lauschen: höre.
Und jetzt bist Du diese ganze Stille. "

Rainer Maria Rilke

Gestern noch Flughafenhektik in Wien, danach gruseliger Stadt-
verkehr in Istanbul, das nächstbeste Schiff ... aber dann das Meer
und endlich, endlich die Insel, wenn auch nur für kurze Zeit, wenn
auch für einige Wochen ...
Die Ruhe, die nur bis Ende des Monats hier verweilen wird,
schenkt mir ein seltenes Stück Kontinuität, eine Art Zeitpendel
von der Kindheit bis heute und zurück ... Die Stille wiegt sanft
mein Gedächtnis, manchmal schaukelt sie es mit einem spitzbübi-
schen Schwung von einer Zeit zur anderen und lässt Erinnerungen
flattern. Möwenkreischen, Hundegebell in der Ferne, das Rattern
dahinfahrender Fischkutter ... vertraute, unschuldige Unterbre-
chungen dieser Stille ...

Meine Großeltern hatten zu den wenigen Menschen gehört, die
das ganze Jahr über auf der Insel wohnten. Die Meisten kamen nur
im Hochsommer hierher und gingen - die Herbststürme vorausah-
nend - Anfang September wieder zurück. Ich hatte hingegen das
Jahr eingeteilt in eine sechsmonatige Stadtzeit und eine ebenso
lange aber viel, viel schönere Inselzeit im Haus der Großeltern.
Schule? Kein Problem! Mit dem Schiff dauerte die Überfahrt
knapp 50 Minuten. Man musste nur gewillt sein, früh, sehr früh
aufzustehen, schlaftrunken zur Anlegestelle zu taumeln und jede
Witterung in Kauf zu nehmen. Die Allüren des kapriziösen Herbs-
tes, die das Meer manchmal moosgrün manchmal bleigrau färbten
und die Schifffahrt - wenn auch viel zu selten - lahm legten, waren

das geringere Übel. Die Witterungsspuren auf meiner Schuluniform und meinen Schuhen, sei es durch die Gischt oder den großzügigen Regen waren zwar peinlich, aber nicht unerträglich, dies war der robuste, altmodische Regenschirm meiner Oma, den ich mitnehmen und auch zurückbringen musste. Das Aufstehen um fünf Uhr in der Früh, wo ich doch erst gegen Mittag halbwegs zu mir kam - daran hat sich bis heute nichts geändert - war der tägliche Härtetest. Aber um länger auf der Insel zu bleiben, hätte ich sogar einen Pakt mit dem Teufel geschlossen, und verglichen damit waren all meine Opfer geringfügige Strapazen.

Wenn ich die Kieselsteine, die von den Wellen weich geschliffenen Glasstücke am Strand berühre, die ans Land gespülten Algen und Muscheln ... schaukelt die Stille mit ihren vertrauten Händen mein Gedächtnis. Selbst die zwischen den Kieselsteinen herumliegenden Zigarettenkippen und die leeren, zerquetschten Eisbecher rufen Erinnerungen hervor. Stille ... ob sie ein Gedächtnis hat, ob sie das Haus aller ungesagten Worte ist ... Instinktiv passen die Inselbewohner ihre Stimmlage an die Stille der Insel an, es ist mehr ein Wispern als ein Sprechen und an der Lautstärke erkennen wir die Tagesausflügler, die - wie Hip-Hop-Sänger eine Meditationsklasse - ab Juni die Insel stürmen. Schade, dass ich kein Gustav Mahler bin und die Alma nicht bitten kann, für Ruhe zu sorgen und der akustischen Vergewaltigung ein Ende zu setzen.
Das Mittagslicht fördert alle Makel zu Tage; viele Hauswände weisen Risse und Sprünge auf, die blaue Farbe des Bootes am Strand blättert ab, auf den Gesichtern weit mehr Falten und Sonnenflecken als letztes Jahr, die Haare des Nachbarn sind schütterer geworden. Gut, dass es keine herumliegenden Spiegel gibt, die dem Ehrlichkeitsethos huldigen. Da es aber nichts und niemanden verschont, seine Gewalt auf jedes Wesen gleichermaßen verteilt, wirkt das Licht zugleich auch als sein eigener Weichzeichner. Das

Meer, Anfang Mai noch viel zu kalt, um zu schwimmen und doch zu verführerisch, um der Versuchung nicht zu erliegen, nimmt die Sonnenstrahlen in aller Ruhe in sich auf. Da silberne, dort goldene Pfade zaubert das Mittagslicht auf die Meeresoberfläche.

Jetzt genießen die Katzen, die allein auf sich gestellt, den langen Winter überlebt haben, die Sonnenstrahlen in vollen Zügen. Einige halten ihr Mittagsschläfchen, eine wälzt sich am Strand, bleibt auf dem Rücken liegen, bietet den Bauch der Sonne an, die Pfoten entspannt, die Krallen in die Hauttaschen zurückgezogen. Eine langbeinige schwarze Katze wühlt in der Erde mit solcher geometrischer Präzision und leidenschaftlicher Hingabe, als wollte sie für ihre majestätische Kostbarkeit, die bald zu Tage treten wird, ein Mausoleum errichten. Bei diesem Anblick pflegte meine Großmutter zu sagen, dass es sich hierbei wohl um ein Arzneimittel unschätzbaren Wertes handle und die Wissenschaft in zwanzig Jahren schon noch draufkommen würde ... Nun sind weit mehr als nur zwanzig Jahre vergangen, die Katzen verrichten überall auf der Welt tagein tagaus ihr Geschäft, die Oma ist tot, aber die Wissenschaft hat es noch nicht geschafft.

Eine Tigerkatze mit buschigem Schweif, ein kleiner tollkühner Wildling, greift den um einiges größeren heranpirschenden Raben an, der ihr das Futter streitig machen will. Zwei Seitenangriffe, dämonisches Fauchen, ein Frontalangriff ... Schon landet der Rabe auf der Dachterrasse des Hauses mit den gelben Markisen, wo einst Tante Rosalinda gewohnt hatte und lauert auf seine nächstbeste Chance. Wie schnell sich das Kätzchen die Fischreste zu Leibe führt ... durchdachte Strategie? Instinktgesteuerte Eile? Eigenartig, gestern Nacht träumte ich von Tante Rosalinda; es war eine Schneelandschaft. Sie trug einen langen Pelzmantel (war es ein Luchs?), Notenblätter lagen im glitzernden Schnee. Sie strich über den Pelz "meine - eigene - Haut" ... vor jedem Wort atmete sie heftig aus, fauchend stieß sie die Wörter heraus. Dann ging sie in einen durchlichteten Nadelwald, aber auf allen Vieren. Sie hinterließ Kratzspuren im Schnee …

Nach so vielen Jahren … Tante Rosalinda … in dieser Aufmachung … fauchend … im fremden Schnee …

Sie war unsere Nachbarin. Mit ihren Eltern und Geschwistern wohnte sie ebenfalls unmittelbar am Meer, in dem Haus neben uns, das jetzt gelbe Markisen hat. Ich sah sie nur während der "Inselzeit". Sie war ein überaus farbenfrohes Wesen mit ihren roten Haaren, honigfarbenen Augen und vielen, vielen Sommersprossen. Die letzteren nannte sie "Engelsküsse". Ihr Mund war fast immer korallenrot geschminkt, korallenrot mit Perlglanz. Ob die Engelchen sie auch auf den Mund geküsst hatten … Sie war ja richtig groß. Aber einem kleinen Mädchen erscheinen wohl viele Leute groß.
Tante Rosalinda hatte eine schöne, glänzend braune Geige, die im Sonnenlicht rötlich schimmerte. Im Frühling, wenn die Insel noch leer war, so wie jetzt eben, stand sie breitbeinig am Strand vor ihrem Haus und musizierte. In gelben Shorts, weißer Bluse, die krausen Haare hochgesteckt, die Lippen korallenrot leuchtend… Sie war eine Augenweide. Weit und breit gab es nichts annähernd Schönes. Ob Nixen und Sirenen sie beneideten ...

Bei aller Liebe, eine gute Musikerin war sie nicht. Sobald sie die Geige in die Hand nahm, eilte ihre Katze Henna wie ein Pfeil in unseren Garten und versteckte sich hinter den Hortensien. Wenn sie spielte, liefen unsere Katzen wie um ihr Leben ins hinterste Eck des Hauses. Manchmal musste ich meine Ohren zuhalten, auch um nicht zu hören, wie meine Oma mit hochgezogenen Augenbrauen über das "nervtötende Getöse des Rotschopfes" schimpfte. An solchen unglückseligen Tagen mussten wir uns ganze Bataillone von Misstönen anhören. Leider zu Recht sprach meine Oma von einer "endlosen Kakophonie" … Mein Opa, der trotz seiner grenzenlosen Herzlichkeit bei Gott kein feiner Edelmann war und mit derben Schimpfkanonaden nicht gerade geizte, zog alle Register der Höflichkeit, sobald Tante Rosalinda in unserer Nähe war. Sogar ihr Geigenspiel gefiel ihm; zufrieden nickte er im Takt, den er offenbar hörte.

Manchmal in der Nacht vernahm ich das Klirren der Gläser, "stoßen wir an" und ihr schallendes Lachen. Sie sang Lieder, die ich nicht kannte aber auch Lieder, die gerade "in" waren: I found my love in Portofino la la lalala … Ihr Bruder und ihre Schwestern tranken wohl auch mit, ab und an ein wohl dosiertes Gekicher, dann und wann ein "Prost", das war alles, was sie von sich gaben. Rien, rien, rien, je ne regrette rien, la la la …
An Tagen, die auf solche Nächte folgten, berichtete meine Oma mit funkelnden Adleraugen, dass Rosalinda wieder die Abwesenheit ihrer Eltern ausgenutzt hatte. Über ihren Gesang verlor sie merkwürdigerweise kein Wort, aber ach! Welch ein schweres Los lastete auf diesen anständigen, gottesfürchtigen Leuten! Jesus Christus!

Ich war kein Kind, das gerne mit Puppen spielte oder gar bei organisierten Spielchen an diversen Geburtstagsfesten mitmachte. Tante Rosalinda erfand aber Spiele, die alles, wirklich alles belebten. Wir saßen hier am Strand, nein, noch ein Stückchen weiter, sie trank Wasser aus einem hellblauen Glas, sie wurde zu diesem Glas, sprach aus seinem Munde, wie es sich eingeengt fühle in den Händen der Leute, wie sie es nicht ansahen, während sie daraus tranken, wie sie - igitt! - an seinem Rand ihre Spuren hinterließen … Dann kam ich dran, ich nahm einen Kieselstein in die Hand, wurde zu diesem Stein, sprach aus seinem Mund … Nicht schummeln, Kleines! Sei ganz dieser sandfarbene Kieselstein! Dann wurde sie zum fliegenden Vöglein, ich zur Schaumkrone, sie zum Nebel, ich zum Regen, sie zur Zigarettenkippe, ich zur …

Manchmal nahm mich Tante Rosalinda mit zur damals einzigen Konditorei der Insel gleich gegenüber der Anlegestelle. Meine Mutter gestattete es mit Wohlwollen, ein Lächeln umkreiste ihre Lippen. Tante Rosalinda ließ mich essen und trinken, was ich wollte, so viel ich wollte. Ab und an sagte sie: "Lass mich mal kosten!" Einmal, wirklich nur ein einziges Mal, ließ sie mich auch an ihrem smaragdgrünen Minzlikör nippen. Die anderen Gäste der Konditorei beäugten uns mit unverhohlenem Interesse. Während ich genüsslich aß und trank und stolz war auf ihre Anwesenheit, rauchte sie eine nach der anderen, still beobachtete sie die Leute, die aus dem Schiff ausstiegen. Als sich unsere Blicke trafen, rief sie "was denn? Schmeckt es nicht mehr? Komm, noch ein Bisschen, einen Bissen für mich, einen Bissen für die Henna …" Sie fütterte mich so, als ob ich, rund und gesund, an Magersucht litte.

Als wir uns Hand in Hand wieder auf den Weg machten, ich gesättigt und gestärkt, merkte ich, wie die Leute sie anschauten; viele mit Bewunderung, aber nicht wenige mit einer gewissen Bosheit. Mir tat das weh, sie hingegen zwinkerte mir zu und drückte meine Hand fester. Wenn die Bauarbeiter ihr nachpfiffen, kicherten wir wie Schulfreundinnen, während die Passanten, vor allem aber Passantinnen uns abschätzig musterten. Da kicherten wir noch lauter.
Das einzige, was sie mir nicht gestattete und wo sie kein Pardon kannte, waren Kaugummis. Sie war eine vehemente Anti-Kaugummi-Aktivistin. Einmal, als einige Frauen uns neugierig taxierten, während sie ihre Kaugummis schmatzend drangsalierten und als Zeichen ihrer gegenseitigen Verbundenheit miteinander leidenschaftlich flüsterten - schmatz, schmatz - aber auch pflicht-

eifrig grinsten - schmatz, schmatz - blieb sie stehen: "Neugierig? Nein, gierig, nach dem Leben der Anderen!", sagte sie wie aus der Pistole geschossen ... Schmatzpause, Funkstille ... "Hohle Kaugummiweiber!"

Jedes Jahr im Winter trennten sich unsere Wege. Bis auf eine Handvoll Menschen gingen alle zurück in die Stadt. Wir wohnten auf der europäischen Seite, Rosalinda und ihre Familie auf der asiatischen Seite der Stadt. Ich weiß nicht mehr, ob ich während der Wintermonate an sie dachte. Sobald jedoch der Frühling anbrach und die Inselzeit in greifbare Nähe rückte, vermisste ich Tante Rosalinda voller Vorfreude.

In jenem Jahr aber, als das Freiluftkino auf der Insel fertig gestellt wurde - das erfuhren wir von meinem Opa, der an kalten Wintertagen den Bauarbeitern deftige Jausen vorbeibrachte - galt meine Vorfreude nicht allein der Tante Rosalinda, sondern auch den zukünftigen Kinoabenden. Worauf freute ich mich mehr? Ganz ehrlich, worauf? Manchmal quälte mich diese Frage ... Ach was, ins Kino würde ich ja immer nur mit ihr gehen ...
Schon Mitte März, mit den ersten Boten des Frühlings fing ich an, meine Eltern zu bedrängen, endlich auf die Insel zu fahren. Noch zwei Wochen, eine Woche, vier Tage, zwei Tage, morgen gleich nach der Schule, juhuuuu!
Algengeruch und Mimosenduft in der Luft, die ersten Schritte nach der Anlegestelle, neben mir meine Mutter mit einem kleinen Koffer, meine Ärmel hochgekrempelt, am Strand von Moos überzogene alte Fischerboote ... Die Insel war voller Ruhe. Wir konnten den Flügelschlag der Vögel hören und das Echo unserer Schritte. Kleine Straßenhunde tollten herum. Auf den Fischkuttern saßen schaumweiße Möwen, auf ihren Federn perlte das Wasser ab. Wohin ich auch schaute, überall lugte ein sanftes Blau hervor;

die Insel stand in einem durchsichtigen Rahmen aus Meeres- und Himmelblau.

Vor dem Bäcker sahen wir Rosalindas dickbäuchigen Bruder mit Einkaufstüten in der Hand. Schon klopfte mein Herz, sie waren also bereits da! Strahlenden Gesichtes begrüßte er uns und fragte höflich nach unserem Befinden. Als meine Mutter mit derselben Höflichkeit zurückfragte, lächelte er: "Wissen Sie, Rosalinda ist nach Australien ausgewandert!" Meine Mutter strich sich über die Stirn, als wollte sie Schweißperlen wischen und murmelte irgend eine höfliche Floskel. Ein Stich, ein Nadelstich in den bunten Ballon meiner Freude ... Ich starrte meine Schuhe an, sie waren schwarz, rabenschwarz, ich nahm sie unter die Lupe, auf dem linken war ein Kratzer, eine Knitterfalte. Seine Worte hallten in mir nach, immer und immer wieder; "Sie wollte es so ..." Blödmann, Fettbauch! Wie hätte ich ahnen sollen, dass man strahlenden Gesichtes Unheil verkünden konnte ...

Tratsch und Klatsch blühten auf. Offenbar war meine Oma nicht die Einzige gewesen, die Rosalindas Tun und Lassen mit Argusaugen inspiziert hatte. Die gut bestückten Damen mit hoch toupierten Frisuren saßen im Sommer in der Konditorei und munkelten unter vorgehaltener Hand, aber laut genug, verschiedenes, wenn sie nicht gerade an ihrem giftgrünen Minzlikör nippten. Männer mit hochgezogenen Augenbrauen und Panamahüten gaben ihnen "selbstverständlich, selbstverständlich" recht. Die Kaugummiweiber schauten mich voller Schadenfreude an, laut schmatzend. Die Botschaften der stillen Post kamen von überall und gingen mit Zusatzgewürzen in alle Richtungen. Mein Vater sprach eines seiner seltenen Machtworte und verbot jede Weiterleitung von Tratsch und Klatsch im Haus.

Ich weiß nicht, wie ich diese plötzliche Trennung verkraften konnte. Da lässt mich meine Erinnerung im Stich. Es gab Wörter, die mir weh taten, das weiß ich noch, mich wie Pfeile trafen, Wörter wie Geige, Australien, Rotschopf, Kino... und "sie wollte es so!" Eine Trennung ohne Abschied ist ein Raubzug; er verbrennt die Märchenbücher, den Farben stiehlt er die Leuchtkraft, den Speisen die Gewürze, der Kindheit die Freude ...

Zur Eröffnung des Freiluftkinos gab es eine groß angekündigte Lotterie. Mein Opa nahm mich mit. Auf den Eintrittskarten waren Nummern abgedruckt, der große Preis war ein Fahrrad. Vor dem Beginn des Films wurde verlost und die Gewinnzahl vorgelesen: "289 - 289, der glückliche Gewinner wird gebeten, mit seiner Karte auf die Bühne zu kommen und unseren großen Preis in Empfang zu nehmen!" Mein Opa schubste mich mit dem Ellbogen. Niemand ging zur Bühne. Der Aufruf wurde mehrmals - jedes Mal ein bisschen lauter - wiederholt. Niemand erschien auf der Bühne. Aufregung, Verwirrung, Rufe ... Die Moderatorin schaute hilflos ins Publikum. Sie lief hinter die Bühne, kam wieder zurück, las eine neue Nummer vor; ein pausbackiger Bub voller Freude lief auf die Bühne, wies seine Karte vor, nahm das rote Fahrrad in Empfang, alle klatschten Beifall. Aus meiner Karte, auf der 289 stand, machte ich eine Kugel und steckte sie in die Nase. Mein Opa drückte seinen Kopf auf meinen, gab mir einen Kuss. Er verriet mich nicht, weder dort noch daheim.
Als wir nach dem Film an unserem Eis schleckend entlang der Strandpromenade gingen, sahen wir Licht in Rosalindas Haus brennen. Henna lief uns entgegen, umkreiste unsere Füße. Mein Opa bückte sich vor, hob die Katze hoch, setzte sie auf seine Schulter. Sie schnupperte an seinem Eis, von der Kälte angewidert sprang sie wieder hinunter. Rosalindas Mutter servierte gerade Kaffee, lautlos, wie in einem Stummfilm. "Ein schönes Stück auf

der Geige! Gespielt von Rosalinda! Das wäre der große Preis …"
sagte mein Opa. Dem konnte ich nur zustimmen, ich nickte und
nickte. "Aber sie wollte es so!" schoss es aus mir heraus, "sie
wollte es so!" Das Eis fiel ihm aus der Hand auf die mondbeschie-
nenen Kieselsteine. "Ach Kind! Wollen? Wollen ist nicht gleich
Wollen. Wenn du bei strömendem Regen zur Schule gehst und
den alten Schirm mitnimmst, dann wohl nicht, weil du ihn magst"
"Igitt!", unterbrach ich ihn, "igitt! Aber ich muss …" Das
schaumbewegte Meer atmete aus. Henna leckte genüsslich das dahin schmelzende Eis.

Im darauffolgenden Jahr starb mein Opa. Das Kino gibt es schon
seit Jahren nicht mehr, statt dessen ein Wohnblock aus Beton. Rosalindas Eltern verkauften das Haus an unsere jetzigen Nachbarn
und zogen auf die Große Insel. Aber die Stille ist noch da, immerhin, das Meer ist noch da, der Himmel auch … Aber du, Tante
Rosalinda?

Meine Schultern brennen, die Arme sind hochrot. Mit der Früh-
lingssonne ist offenbar nicht zu spaßen, nach wie vor nicht. Es wäre vernünftiger gewesen, den Schatten zu suchen, anstatt die ganze
Zeit … Da, genau hier, spielten wir, wurden eins mit anderen Wesen, fühlten, was sie gefühlt hätten, sagten, was sie gedacht hätten
… Schaumkrone, Kieselstein, Zigarettenkippe, Vöglein … Was
ich damals konnte, kann ich auch jetzt, oder nicht? Nur nicht
schummeln! Sei ganz dieser Rotschopf! Augen zu! Ganz dieser
Rotschopf mit den Engelsküssen! Jetzt! Jetzt!
Nein! Das schaffe ich nicht, das ist nichts für mich, nicht jetzt!
Das sind Hirngespinste, das glaube ich nicht! Damals war ich ein
Kind, es war lustig, aber jetzt, jetzt bin ich … Damals …keine zer-
rissenen Notenblätter, keine verbrannten Märchenbücher … Tren-

nungen waren damals noch unschuldig, eine Umarmung, zwei
Küsse und bald das Wiedersehen …

"Das Sausen des Windes ist mein Atem, das Meeresrauschen meine Muttersprache, alle anderen Sprachen sind Zweitsprachen, die
Stille ist mein Schweigen, die Insel mein Zwilling".

Was sage ich? Was sage ich da? Ich, hier, mit brennenden Schultern und hochroten Armen … Ein Schritt in die namenlose Richtung der Ahnung, ein Atemzug, und schon höre ich Tante Rosalinda? Wenn ich wieder in Wien bin, werde ich alles einer
vernünftigen Analyse unterziehen, gründlich …

Die Stille, dieses seltene, seltsame Geschenk, schaukelt mich von
einer Zeit zur anderen … von einem Leben zum anderen … Ein
Schwung nur, Raum und Zeit lösen sich schon auf … Ein
Schwung nur, unterbrochene Linien werden zu Wellen …

"So halt" wirst du beim Abschied sagen …

"Sie wollte es so" werden sie sagen …

Veröffentlichungsnachweis

Komplizen des Alphabets: zunächst veröffentlicht in: Eure Sprache ist nicht meine Sprache. Wien 2002, Milena Verlag.

Aus dem Album der Vagabundin – Drei Photos: zunächst veröffentlicht in: Reisen im Damenabteil. Frauen erzählen. Kurzgeschichten. Linz 2009, Autonomes Frauenzentrum Linz